"十四五"职业教育国家规划教材

职业教育物流管理专业教学用书

岗课赛证综合育人系列教材

移动电商物流
（第2版）

丛书主编　陈雄寅

本书主编　陈雄寅　贾铁刚　韦妙花

副　主　编　高　健　党麦玲　钱　铭

　　　　　　孙　宁　林伟滨

主　　审　姜　洪

电子工业出版社

Publishing House of Electronics Industry

北京·BEIJING

内 容 简 介

本书是"职业教育物流管理专业教学用书"。本书采用"项目—任务"的形式组织教学单元,适合采用项目教学法、任务引领教学法,每个任务均由任务展示、任务准备、任务执行、任务评价组成。

本书主要内容包括走进移动电商物流、创建移动端电商网店、体验移动电商采购管理、体验移动电商仓储管理、制作移动电商物流模板、体验移动电商快递业务、农产品移动电商和社区物流。为了更好地助教助学、拓展教学资源,本书的每个任务都配有学习资料二维码,二维码对应的内容主要包括与本书内容相配套的多媒体课件及相关的拓展知识。

本书既可以作为职业院校物流管理、移动电商专业及其他相关专业的教学用书,也可以作为物流和移动电商从业人员的参考资料和培训用书。

图书在版编目(CIP)数据

移动电商物流 / 陈雄寅,贾铁刚,韦妙花主编 . —2 版 . —北京:电子工业出版社,2020.12
ISBN 978-7-121-40339-2

Ⅰ.①移⋯ Ⅱ.①陈⋯②贾⋯③韦⋯ Ⅲ.①移动电子商务−物流管理−职业教育−教材
Ⅳ.①F713.365.1

中国版本图书馆 CIP 数据核字(2020)第 263151 号

责任编辑:王志宇
印　　刷:中煤(北京)印务有限公司
装　　订:中煤(北京)印务有限公司
出版发行:电子工业出版社
　　　　　北京市海淀区万寿路 173 信箱　邮编 100036
开　　本:787×1 092　1/16　印张:11.25　字数:288 千字
版　　次:2020 年 9 月第 1 版
　　　　　2020 年 12 月第 2 版
印　　次:2025 年 1 月第 7 次印刷
定　　价:45.00 元

凡所购买电子工业出版社图书有缺损问题,请向购买书店调换。若书店售缺,请与本社发行部联系,联系及邮购电话:(010)88254888,88258888。

质量投诉请发邮件至 zlts@phei.com.cn,盗版侵权举报请发邮件至 dbqq@phei.com.cn。

本书咨询联系方式:(010)88254523,wangzy@phei.com.cn。

移动电商利用了移动无线网络的优点，将互联网、移动通信技术、短距离通信技术及其他信息处理技术完美地结合在一起，使人们可以在任何时间、任何地点进行各种商贸活动，从而实现随时随地进行线上的购物与交易、商务活动、金融活动和相关的综合服务等活动。随着移动电商的不断发展，物流服务已经深入人们生活的方方面面，移动电商物流也逐步受到各方关注。同时，随着互联网基础服务的不断成熟，以及移动支付等新型支付方式的出现，移动电商物流正进入成熟化的关键阶段。

随着移动电商的普及，只有加快技术型人才的培养，加快服务创新，增强物流的灵活性、时效性、规范性，提高供应链资源整合能力，才能满足不断细分的市场需求。

"移动电商物流"是职业院校物流管理专业的专业课程，旨在向在校学生和物流从业人员介绍移动电商物流领域的相关理论与实务知识。全书共七个项目，分别是走进移动电商物流、创建移动端电商网店、体验移动电商采购管理、体验移动电商仓储管理、制作移动电商物流模板、体验移动电商快递业务、农产品移动电商和社区物流。

在本书各个任务的栏目设计上，我们做了如下安排。

（1）任务展示：通过操作性很强的任务内容调动学生的学习兴趣。

（2）任务准备：主要介绍任务所涉及的一些必备的理论知识、操作流程、作业技巧。

（3）任务执行：通过图文并茂的方式，展示任务的具体操作步骤，以及介绍操作步骤中应该注意的细节。

（4）任务评价：在"任务执行"结束后，教师组织学生进行三方评价，并对学生执行任务的情况进行点评。

本书的主要特点如下。

（1）立德树人，课程思政。本书将社会主义核心价值观和物流工匠精神融入教学内容，在"润物细无声"中培养着学生认真严谨、精益求精的职业精神，较好地体现课程思政。

（2）服务1+X，书证融通。本书把学历证书与职业技能等级证书结合起来，探索实施1+X证书制度，是国务院2021年2月发布的《国家职业教育改革实施方案》中的重要改革部署。本书积极响应国家的职教改革部署，服务1+X证书制度，是书证融通的职业教育国家规划教材。

（3）岗位导向，任务驱动。本书基于任务驱动和工作过程的流程进行编写，将物流行业相关岗位的工作任务转化为教学任务，实现"岗位导向，任务驱动"，体现"工学结合，理实一体"。

（4）三个对接，三个融合。该书实现"三个对接"，分别是课程体系与岗位需求的对接，学习内容与工作内容的对接，校内教学资源与企业培训资源的对接。同时该书较好地体现"三个融合"，即职业教育与思政教育、情感教育、职业生涯规划教育的融合。

（5）突出典型，注重实务。本书在编写过程中遵循"突出典型，注重实务"，有利于培养物流行业的实用型技能人才和管理人才。

（6）内容精当，资源丰富。本书教学内容安排精当，行文简明，深入浅出。通过二维码拓展了教学资源，丰富了教学内容。

（7）全彩印刷，图文并茂。本书全彩印刷，以图文并茂的形式展示内容，直观形象地介绍相关的知识点和技能点，不仅可以作为职业院校物流专业课程教材使用，还可以供相关物流从业人员作为参考资料或培训使用。

本书由陈雄寅、贾铁刚、韦妙花担任主编，陈雄寅负责全书的统稿工作；高健、党麦玲、钱铭、孙宁、林伟滨担任副主编；姜洪担任主审。

本书在编写过程中参考了大量的文献资料，借鉴和吸收了国内外众多学者的研究成果，在此对相关文献的作者表示诚挚的感谢。由于编写时间仓促和编者水平有限，书中难免有疏漏之处，敬请广大读者批评指正。

编　者

目　录

项目一
走进移动电商物流

本项目分为四个任务。亲爱的同学们，现在让我们通过学习任务，走进电商物流的世界吧！

任务一　认识电商与物流的关系

任务展示

（1）请扫一扫图 1-1 中的二维码，预习本任务的学习资料。

（2）在文化艺术节期间，学校要举行"计算器应用"比赛，但是用于比赛的计算器还没有采购，请以小组为单位，分别到京东商城和天猫商城选购单价在 30 元人民币以内的计算器，计算器品牌不限，要求全程跟踪物流信息。学生通过购物，熟悉京东商城和天猫商城网上购物平台的网络购物流程，初步了解京东商城和天猫商城的物流配送服务，并完成"网上商城购物体验报告"（如表 1-1 所示）。

图 1-1　本任务学习资料

表 1-1　网上商城购物体验报告

体验项目	评价指标	分　值	京东商城	天猫商城
网站界面体验	页面打开速度	5		
	网站导航设计	5		
	页面整体布局与色彩	5		
	网站内容	5		
网站交互体验	用户注册	5		
	站内搜索	10		
	购物体验	15		
	在线服务	15		
线下用户体验	物流配送体验	20		
	售后服务	15		
总分		100		
遇到的问题				

任务准备

任务准备 1：理解什么是电商

电商通常是指在全球各地的广泛的商业贸易活动中，在互联网开放的网络环境下，基于浏览器/服务器的应用方式，买卖双方不谋面地进行各种商贸活动，实现消费者的网上购物、商户之间的网上交易和在线电子支付，以及各种商务活动、交易活动、金融活动和相关的综合服务活动的一种新型商业运营模式。广义的电商是指，使用各种电子工具从事商务活动；狭义电商是指，主要利用互联网从事商务或活动。常见电商模式有 B2B、B2C、C2C、B2G、O2O 等，如表 1-2 所示。请扫一扫图 1-2 中的二维码，观看电商定义及组成的视频讲解。

图 1-2　电商定义及组成

表 1-2　常见电商模式

模　式	英语全称	模式解释
B2B	Business to Business	B2B 是指商家（泛指企业）对商家的电商，即企业与企业之间通过互联网进行产品、服务及信息的交换
B2C	Business to Consumer	B2C 模式是在中国最早产生的电商模式，如今的 B2C 电商网站非常多，比较大型的有天猫商城、京东商城、1 号店、苏宁易购、国美在线等
C2C	Consumer to Consumer	C2C 商务平台通过为买卖双方提供一个在线交易平台，使卖方可以主动提供商品在网上拍卖，而买方可以自己选择商品进行竞价
B2G	Business to Government	B2G 模式是指企业与政府管理部门之间的电商，如政府采购、海关报税平台及报税平台等
O2O	Online to Offline	O2O 是新兴的电商模式，即将线下商务机会与互联网结合在一起，使互联网成为线下交易的平台

任务准备 2：理解什么是物流

物流的概念起源于 20 世纪 30 年代，最早是在美国形成的，原意为"实物分配"或"货物配送"。1963 年，物流的概念被引入日本，日语为"物的流通"。20 世纪 70 年代后，日语的"物流"一词逐渐取代了"物的流通"。

中国的"物流"一词是从日本引进的外来词，源于日文资料中对"Logistics"一词的翻译——"物流"。

中国的物流术语标准中将物流定义为："物品从供应地向接收地的实体流动过程中，根据实际需要，将运输、储存、配送、装卸搬运、流通加工、包装、信息处理等功能有机地结合起来，以实现用户要求的过程。"物流七要素如图 1-3 所示。

图 1-3　物流七要素

任务准备 3：理解什么是电商物流

电商物流是融合了电商和物流，并在传统物流概念的基础上，结合了电商中商流、信息流、资金流的特点而提出的，是在电商环境下物流的新的表现方式。因此，电商物流的内涵可以表述为"基于商流、信息流、资金流网络化的物资或服务的配送活动，包括软体商品（或服务）的网络传送和实体商品（或服务）的物理传送"。

✎ **任务准备 4：了解物流对电商有哪些影响**

1. 物流是电商的重要组成部分

电商的本质是商务，商务的核心是商品交易，商品交易一般涉及四个方面，分别是商流、信息流、资金流和物流，如图1-4所示。在电商环境下，这"四流"都与传统情况有所不同。商流、信息流和资金流这三种"流"的处理都可以通过计算机和网络通信设备实现。物流作为"四流"中最为特殊的一种，对于大多数商品和服务来说，仍要经过物理方式完成。随着电商的进一步推广与应用，物流在电商活动中的影响被越来越多的人所关注。

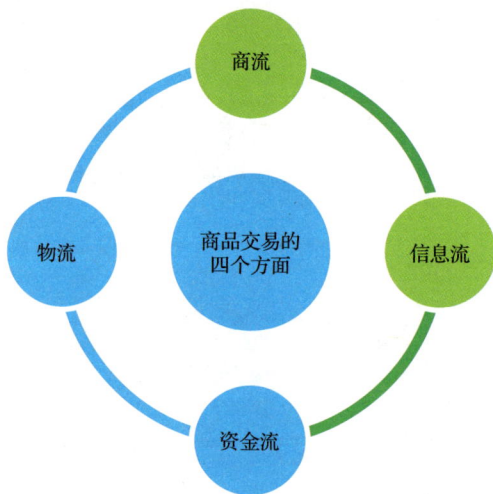

图 1-4　商品交易的四个方面

2. 物流是电商的关键与实现保证

"成也物流，败也物流"，这句话最好地说明了电商与物流的关系。控制物流就可以控制市场，这是很多以市场为主体的企业的生存之道，所以物流市场的争夺是必不可少的。因此，物流是电商执行的保证。

（1）物流保障生产。无论是在传统的贸易方式下，还是在电商方式下，生产都是商品流通之本。在生产商品的全过程中，从原材料的采购开始便需要相应的供应链物流活动作为支撑，以将所采购的材料运送到位，否则生产将难以进行。在生产过程的各个流程之间，需要原材料、半成品的物流过程，即生产物流；对部分余料或可回收利用的物资进行回收则需要回收物流。

（2）物流服务于商流。在电商环境下，消费者完成了网上购物，这个过程就叫作商流。而电商的活动并没有结束，它的结束标志为商品和服务真正转移到顾客手中，而这个过程要靠物流来实现。

（3）物流是实现"以顾客为中心"的理念的根本保证。物流的周到服务保障了货物的准时送达，将正确的货物送到正确的顾客手中，这样才能真正地使顾客感受到快捷满意的服务，从而促进电商的发展。

任务执行

步骤 1：以小组为单位体验网上购物，补充完整流程图

以小组为单位，在指定的电商平台——京东商城（如图 1-5 所示）和天猫商城（如图 1-6 所示），以客户身份体验从注册到购物的整个电商流程，各小组根据本次体验，对京东商城和天猫商城的网购"计算器"流程进行归纳和总结，并将结果填写在如图 1-7 和图 1-8 所示的流程图的黄色方框内。

图 1-5 京东商城

图 1-6 天猫商城

（1）未注册用户先注册；
（2）已注册用户直接登录。

扫码登录　账户登录

邮箱/用户名/已验证手机

密码

忘记密码

登　录

QQ　微信　立即注册

→

选择所在省份。

福建　你好，

北京　上海　天津　重庆　河北
山西　河南　辽宁　吉林　黑龙江
内蒙古　江苏　山东　安徽　浙江
福建　湖北　湖南　广东　广西
江西　四川　海南　贵州　云南
西藏　陕西　甘肃　青海　宁夏
新疆　澳港　台湾　钓鱼岛　海外

→

（1）在主页输入关键字
（计算器）进行查找；
（2）或者进入商品分类，
进行查找："全部商品分
类→办公→办公文具→
计算器"。

可进入"订单中心"
查看订单详细信息。

←

确认无误后单击"提交
订单"按钮，生成新订
单并显示订单编号。

←

详细填写收货人信息、支
付方式、发票信息，并
核对送货清单等信息。

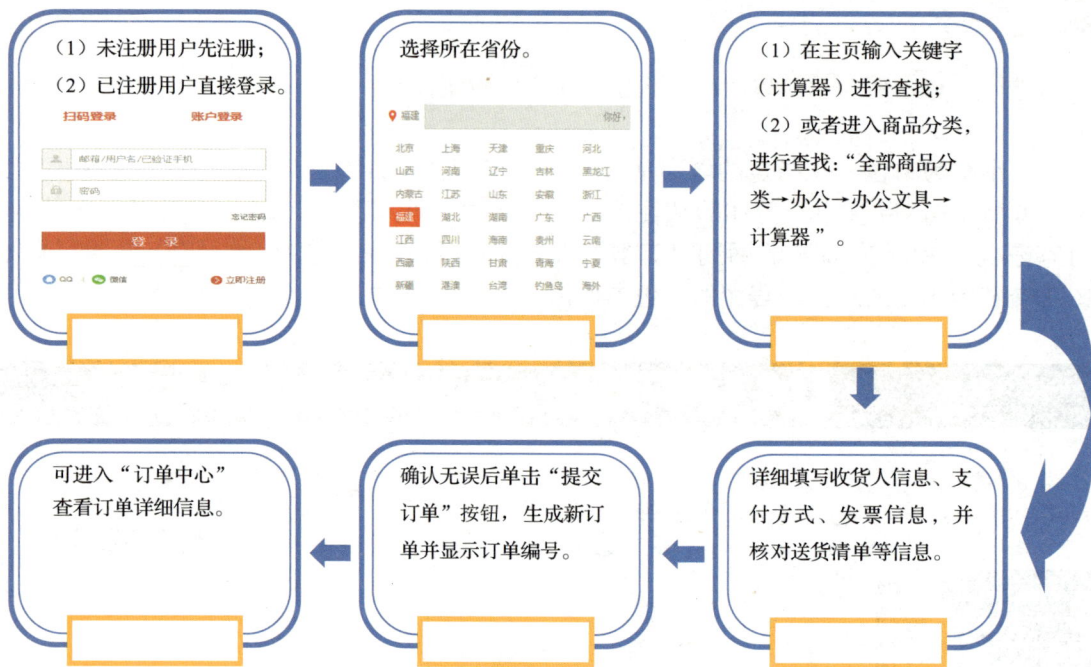

图 1-7　京东商城网购"计算器"流程图

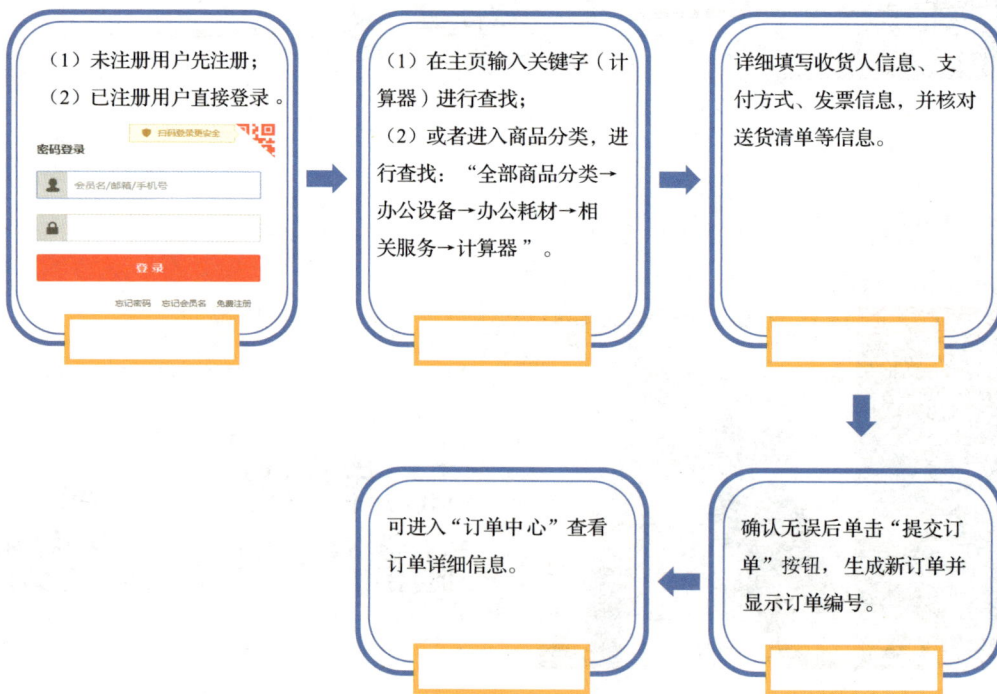

（1）未注册用户先注册；
（2）已注册用户直接登录。

密码登录

扫码登录更安全

会员名/邮箱/手机号

登　录

忘记密码　忘记会员名　免费注册

→

（1）在主页输入关键字（计
算器）进行查找；
（2）或者进入商品分类，进
行查找："全部商品分类→
办公设备→办公耗材→相
关服务→计算器"。

→

详细填写收货人信息、支
付方式、发票信息，并核对
送货清单等信息。

可进入"订单中心"查看
订单详细信息。

←

确认无误后单击"提交订
单"按钮，生成新订单并
显示订单编号。

图 1-8　天猫商城网购"计算器"流程图

步骤 2：学生以小组为单位完成网上商城购物体验报告

各小组重点了解订单提交后的订单生成、发货和物流状态跟踪等环节。根据本小组任务实际实施情况，填写体验报告（如表 1-1 所示）。

步骤 3：各小组委派一名代表上台分享体验报告

各小组委派一名代表上台分享体验报告，并分享本小组任务实施的过程、经验和遇到的问题，以及相应的解决方法，教师予以点评。

任务评价

在完成上述任务后，由教师组织学生进行三方评价，并对任务执行情况进行点评。学生完成如表 1-3 所示的任务评价表的填写。

表 1-3 "认识电商与物流的关系"任务评价表

项 目 组		成 员				
评价标准	评价项目	分 值	自我评价（20%）	他组评价（30%）	教师评价（50%）	合 计（100%）
	能够在规定时间内完成流程图及体验报告	40				
	小组成员分工合作情况	25				
	分享讲解详细、流畅	35				
合 计		100				

任务二　认识电商物流模式

任务展示

（1）请扫一扫图 1-9 中的二维码，预习本任务的学习资料。

（2）请以小组为单位，浏览表 1-4 中的公司的网站，并完善该表。

图 1-9　本任务学习资料

表 1-4　六家公司

序　号	公司 Logo	公司名称
1	JD.COM 京东	
2	亚马逊 amazon.cn	
3	Haier 海尔	
4	当当网 dangdang.com 网上购物享当当	
5	苏宁易购 suning.com	
6	CAINIAO 菜鸟	

任务准备

任务准备 1：了解常见的电商物流模式有哪些

常见的电商物流模式包括自营物流模式、第三方物流模式、物流联盟模式等，如图 1-10 所示。

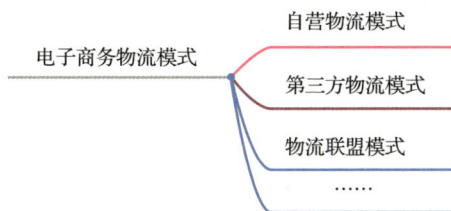

图 1-10　常见电商物流模式

自营物流模式：自营物流模式是指电商企业借助自身的资源，自行开展经营的物流。采用自营物流模式的电商企业主要基于两种情况：一是基于 B2B 的大型制造企业或批发企业，由于其自身在长期的传统商务中已经建立起初具规模的营销网络和物流配送体系，因此在开展电商时只需将其加以改进、完善，即可满足电商条件下对物流配送的要求；二是实力雄厚和规模较大的传统大型企业集团经营的电商企业，通常凭借其自身庞大的分销渠道和销售网络构建物流体系，开展物流配送服务，以实现规模效益。

第三方物流模式 (Third Party Logistics，3PL)：第三方物流模式是指由供方与需方以外的物流企业提供物流服务的业务模式。具体来讲，是指利用物流的实际需求方（第一方）和物流的实际供给方（第二方）之外的第三方资源，通过合约向第一方提供的物流服务，因此也称合同物流、契约物流。

物流联盟模式：物流联盟模式是指两个或两个以上的经济组织，为实现特定的物流目标而采取的长期联合与合作。换句话讲，物流联盟模式是指在物流方面通过签署合同形成优势互补、要素双向或多向流动、相互信任、共担风险、共享收益的物流伙伴关系，其目的是实现联盟参与方的"共赢"。物流联盟模式是一种介于自营物流模式和第三方物流模式之间的物流模式，可以降低自营物流模式和第三方物流模式这两种模式的风险。

✏ **任务准备 2**：了解常见电商物流模式的优缺点、适用对象、代表企业

三种常见电商物流模式的优缺点、适用对象、代表企业如表 1-5 所示。

表 1-5　常见电商物流模式的优缺点、适用对象、代表企业

模式类型	优　　点	缺　　点	适用对象	代表企业
自营物流	① 掌握控制权； ② 盘活企业原有资产； ③ 降低交易成本； ④ 避免商业秘密泄露； ⑤ 提高企业品牌价值； ⑥ 有利于推进客户关系管理； ⑦ 适应性、针对性强	① 投资多、风险大； ② 资产利用率有波动性； ③ 增加管理难度、降低专业化水平； ④ 管理机制约束； ⑤ 存在跨行业经营风险	具有一定物流资源的传统企业	沃尔玛集团、海尔集团、连邦软件
第三方物流	① 集中精力发展核心业务； ② 减少投资，加速资本周转； ③ 降低运营成本及库存成本； ④ 改善企业价值链，实现资源优化配置； ⑤ 提供灵活多样的客户服务，为客户创造更多价值	① 成本控制困难，发展目标不一致； ② 不利于整体优化； ③ 物流资产的制约； ④ 市场交易成本的制约	不具备现代化物流技术手段，无法满足对物流系统有高度化需要的企业	Dell 电脑公司、当当网
物流联盟	① 可降低成本，减少投资，降低风险和不确定性，获得一定的物流技术及相应的管理技术； ② 有利于发挥渠道优势，提高利润水平； ③ 有利于拓展经营领域，提高客户服务水平，提升企业形象	① 冲击主业发展，降低专业化水平； ② 破坏原有客户关系； ③ 物流联盟模式非常脆弱，这种关系很难形成且非常容易解体	区域配送系统完善，物流内容相对单一，物流规模较稳定的企业	北京世佳、上海梅林正广、美国 UPS

🔧 任务执行

🔸 步骤1：比较和分析电商物流模式

通过查阅资料和分组讨论，对以下六家公司的电商物流模式进行比较和分析，并填写完成表1-6。

表1-6　比较和分析电商物流模式

序　号	公司 Logo	公 司 名 称	电商物流模式
1	JD.COM 京东		
2	亚马逊 amazon.cn		
3	Haier 海尔		
4	当当网 dangdang.com 网上购物享当当		
5	苏宁易购 suning.com		
6	CAINIAO 菜鸟		

🔸 步骤2：各小组委派一名代表上台分享资料

各小组委派一名代表上台，分享本小组在网络上查找到的资料。

🏆 任务评价

在完成上述任务后，由教师组织学生进行三方评价，并对任务执行情况进行点评。学生完成如表1-7所示的任务评价表的填写。

表 1-7　"认识电商物流模式"任务评价表

项　目　组		成　员					
评价标准	评价项目	分　值	自我评价（20%）	他组评价（30%）	教师评价（50%）	合　计（100%）	
	能够在规定时间内查找资料，并分析电商物流模式	40					
	小组成员分工合作情况	25					
	分享讲解详细、流畅	35					
合　计		100					

任务三　熟悉电商物流企业

◈ 任务展示

（1）请扫一扫图1-11中的二维码，预习本任务的学习资料。

（2）请以小组为单位，上网查找国内外知名电商物流企业的资料。

图1-11　本任务学习资料

任务准备

✎ 任务准备1：理解什么是电商物流企业

电商物流企业是指基于互联网技术，旨在创造性地推动物流行业发展的新型物流公司。电商物流企业的业务经营范围广泛，可以为客户提供运输、货运代理、仓储、配送等多种物流服务项目，并且能够为客户提供一类或几类产品的契约性一体化物流服务。

✎ 任务准备2：了解国内知名电商物流企业

《互联网周刊》联合eNet研究院发布了2017年中国物流企业排行榜，排行榜前20名企业名单如表1-8所示。在该榜单中，国内知名的电商物流企业——顺丰控股股份有限公司、京东物流、菜鸟网络科技有限公司这三家公司榜上有名。

表1-8　2017年中国物流企业排行榜前20名企业名单

排　名	企业名称	排　名	企业名称
1	中国外运股份有限公司	11	招商局能源运输股份有限公司
2	中远海运物流有限公司	12	中通快递股份有限公司
3	顺丰控股股份有限公司	13	韵达控股股份有限公司
4	中国石油天然气运输公司	14	重庆长安民生物流股份有限公司
5	冀中能源国际物流集团有限公司	15	建发物流集团有限公司
6	青岛日日顺物流有限公司	16	京东物流
7	圆通速递有限公司	17	菜鸟网络科技有限公司
8	远成物流股份有限公司	18	嘉里大通物流有限公司
9	申通快递股份有限公司	19	振华物流集团有限公司
10	锦程国际物流集团股份有限公司	20	河北省物流产业集团有限公司

任务准备 3：了解国外知名电商物流企业

全球十大电商物流企业如表 1-9 所示，全球知名度较高的大型电商物流企业——UPS 和 FedEX 名列前两名。

表 1-9　全球十大电商物流企业

序　号	英 文 名 称	中 文 名 称
1	UPS	美国联合包裹运送服务公司
2	FedEX	联邦快递公司
3	Deutsche Post World Net	德国邮政世界网
4	A.P. Moller-Maersk Group	马士基集团
5	Nippon Express	日本运通公司
6	Ryder System	莱德系统
7	TNT Post Group	TNT 快递公司
8	Expeditors International	康捷国际公司
9	Panalpina	泛亚班拿
10	Exel	英运物流

任务执行

步骤 1：上网查找国内知名电商物流企业资料

上网查找两家国内知名电商物流企业资料，并将查找结果填入表 1-10 中。

表 1-10　国内知名电商物流企业资料

	企业 1	企业 2
中文名称		
企业性质（国企 / 民企 / 合资）		
总部地点		
成立时间		
业务范围		
企业理念		
服务特色		

步骤 2：上网查找国外知名电商物流企业资料

上网查找两家国外知名电商物流企业，并将查找结果填入表 1-11 中。

表 1-11　国外知名电商物流企业资料

	企业 1	企业 2
英文名称		
中文名称		
企业创始人		
所属国家		
总部地点		
成立时间		
业务范围		
企业理念		
服务特色		

✏ **步骤 3：各小组委派一名代表上台分享资料**

各小组委派一名代表上台分享本组上网查找的资料。

任务评价

在完成上述任务后，由教师组织学生进行三方评价，并对任务执行情况进行点评。学生完成如表 1-12 所示的任务评价表的填写。

表 1-12　"熟悉电商物流企业"任务评价表

项 目 组		成 员				
评价标准	评价项目	分 值	自我评价（20%）	他组评价（30%）	教师评价（50%）	合 计（100%）
	能够在规定时间内查找电商物流企业资料，完成表 1-10 和表 1-11 的填写	40				
	小组成员分工合作情况	25				
	分享讲解详细、流畅	35				
合 计		100				

任务四 了解电商物流岗位

任务展示

（1）请扫一扫图 1-12 中的二维码，预习本任务的学习资料。

（2）请以小组为单位，通过上网搜索资料，了解电商物流岗位的具体要求，并完成表 1-13。

图 1-12　本任务学习资料

表 1-13　电商物流岗位要求

序　号	岗位名称	任职要求
1		
2		
3		

任务准备

任务准备 1：了解电商物流企业的组织结构

企业组织结构是企业组织内部各个有机构成要素之间相互作用的联系方式或形式，以求有效、合理地把组织内的成员组织起来，为实现共同目标而协同努力。

常见的电商物流企业的组织结构主要有直线型、职能型、直线—职能型、事业部型等，它们的定义、优点和缺点等具体说明如表 1-14 所示。

表 1-14　电商物流企业的组织结构说明

组织结构	定　义	优　点	缺　点
直线型	直线型组织结构是一种最早出现且最简单的组织形式。企业各级行政单位从上到下实行垂直领导，下属部门只接受一个上级的指令	结构比较简单，责任分明，命令统一	要求行政负责人通晓多种知识和技能，并能够亲自处理各种业务
职能型	职能型组织结构是指各级行政单位除主管负责人外，还相应地设立一些职能机构	具有管理工作比较精细的特点，能够充分发挥职能机构的专业管理作用，减轻直线领导人员的工作负担	妨碍了必要的集中领导和统一指挥，形成了多头领导，不利于建立和健全各级行政负责人和职能科室的责任制
直线—职能型	直线—职能型组织结构是在直线型和职能型的组织结构基础上，取长补短，吸取这两种组织结构形式的优点而建立起来的	既保证了企业管理体系的集中统一，又可以在各级行政负责人的领导下，充分发挥各专业管理机构的作用	职能部门之间的协作和配合性较差，加重了上级领导的工作负担，办事效率低
事业部型	事业部型组织结构是一种高度（层）集权下的分权管理体制。它适用于规模庞大、产品品种繁多、技术复杂的大型企业，是国外较大型联合公司所采用的一种组织形式。近几年，中国一些大型企业集团或公司也引进了这种组织结构形式	具有高度的稳定性和适应性，便于考核及培养人才，有利于发挥积极性和创造性，事业部之间自主经营、责任明确，增进了企业活力，促进了企业全面发展	由于各事业部利益具有独立性，容易滋长本位主义，在一定程度上增加了费用开支，对企业总部的管理工作要求较高，否则容易管理失控

任务准备 2：了解电商物流岗位及其职责

电商物流岗位及其职责如表 1-15 所示。

表 1-15　电商物流岗位及其职责

岗 位 名 称	主 要 职 责
电商物流经理	（1）负责部门日常物流管理工作，包括运输、配送、车辆管理等； （2）制订和执行物流工作计划，对物流工作规范进行总结和完善； （3）建立物流体系职责与管理标准； （4）控制送货和仓储成本； （5）参与制订与控制部门物流运作预算； （6）制订物流解决方案，提升客户满意度； （7）定期汇总上报各项物流管理报表； （8）负责所在部门人员的考核、培训工作
电商仓储主管	（1）保障企业物料安全、准确和按相应需求及时供应，组织企业物料调配、调度，降低库存，提高企业货物使用效率，降低货物保管成本； （2）管理仓库运作团队，确保收货、包装、发货等流程按时、准确顺利； （3）执行和完善仓库的规章制度、规范作业标准及流程，提高效率，降低成本； （4）科学管理库存，提出改进方案，保证仓库最大化的使用率，控制成本； （5）有效配合企业整体业务运作需求； （6）监督执行盘点工作和结果分析，并提出改进方案； （7）对承运商的协同管理
电商仓储专员	（1）执行库存管理流程，改进互联网销售库存管理方法，减少出错率； （2）主管电商所有销售平台，保证订单正常出货，负责打单、核单、包货，保证当天订单的正常出库及售后包裹的处理工作； （3）仓库货品出入库，检查监督出入库手续；入库货品的及时登记、清点、核对，账物不符时及时查明原因；当天完成，不得拖延； （4）负责仓库物料货品码放整齐，散货上架，物料货品标识醒目准确，各类物料货品分区、分类、分架摆放，不上架的物料货品做到码放整齐、合理、有序，有数量层次，既整洁又便于清点核对； （5）提供全面的库存分析报告，评估库存管理状态，提高电商库存管理水平； （6）定期与仓库核对数据并安排盘点，保证系统与实物的一致性； （7）完成上级交办的其他工作
电商物流客服	（1）负责现有客户的日常维护，及时向客户反馈货物跟踪信息，及时准确回复客户每天咨询的问题，帮助客户解决难题； （2）协调企业与客户之间的关系，提高客户满意度； （3）客户发货相关文件整理，如申报清单、预报等； （4）完成上级交办的其他任务
电商物流单证员	（1）制作订单； （2）协调仓库发货事宜，协调客户收货； （3）及时回复客户和销售人员有关货物进展与产品相关知识的询问； （4）货物信息的传达：将新品通知、到货情况、库存情况和变更及时通知给企业其他业务部门； （5）完成上级交办的其他工作

任务执行

步骤 1：登录人才招聘网站查找物流岗位资料

以小组为单位，通过登录人才招聘网站搜索电商物流岗位的相关资料，并填入表 1-16。

表 1-16 电商物流岗位调研总结表

序　号	网站名称及网址	岗 位 名 称	岗 位 职 责	任 职 要 求	薪 资 待 遇
1					
2					
3					

步骤 2：各小组委派一名代表上台分享资料

各小组委派一名代表上台分享本组上网查找的资料。

任务评价

在完成上述任务后，由教师组织学生进行三方评价，并对任务执行情况进行点评。学生完成如表 1-17 所示的任务评价表的填写。

表 1-17 "了解电商物流岗位"任务评价表

项 目 组		成 员				
评价标准	评价项目	分 值	自我评价（20%）	他组评价（30%）	教师评价（50%）	合 计（100%）
	能够在规定时间内查找物流岗位资料，完成表 1-16 的填写	40				
	小组成员分工合作情况	25				
	分享讲解详细、流畅	35				
合　计		100				

思政课堂

请扫一扫图 1-13 中的二维码，进行项目一思政课堂的学习。

图 1-13 项目一思政课堂

课后习题

请扫一扫图 1-14 中的二维码，进行项目一课后习题的练习。

图 1-14 项目一课后习题

项目二
创建移动端电商网店

本项目分为五个任务，爱好学习的同学们，现在让我们通过学习任务，了解移动端电商网店的世界吧！

任务一　了解电商网站

任务展示

（1）请扫一扫图 2-1 中的二维码，预习本任务的学习资料。

（2）浏览购物类企业网站、酒店类企业网站、物流类企业网站、行业信息网站、科技行业公司网站、金融类公司网站、招聘行业类网站、旅游类企业网站、生活服务网站等，了解相关信息。

（3）分别浏览慧聪网、阿里巴巴、当当网、饿了么、搜狐网、中国化工网、前程无忧、携程旅行网、58 同城等网站，查看这些网站的整体页面布局。根据这些网站的主营业务与网站风格，制作网站分析报告（如表 2-1 所示）。

图 2-1　本任务学习资料

表 2-1　常见电商网站分析报告

调查项目	实　例	主营业务与网站风格
B2B 电商网站平台	慧聪网	
	阿里巴巴	
	中国化工网	
门户网站	搜狐网	
	腾讯网	
	新浪网	
	网易	
B2C 电商网站	天猫商城	
	京东商城	
	当当网	
	亚马逊	
O2O 电商网站	美团	
	饿了么	
	聚划算	
招聘网站	智联招聘	
	前程无忧	
旅游网站	携程旅行网	
	去哪儿	
生活网站	58 同城	

任务准备

任务准备 1：理解什么是电商网站

电商网站（E-commerce Website）是企业、机构或个人在互联网上建立的站点，包括 PC 端、移动端等站点，是企业、机构或个人开展电商的基础设施和信息展示平台，是实施电商的交互窗口，是从事电商交易行为的手段。电商网站有很多类型，它们面对的客户群体各不相同，推广方式也有很大区别。

一个完整的电商网站首先要考虑网站的定位，以确定其功能和规模。电商网站要考虑的内容包括网站风格、域名、Logo、空间大小、广告位、页面数量、数据库结构、维护需求、人力成本等。如果要制作最具吸引力的电商网站，则应瞄准一个行业做精、做细、做透，并应符合消费者的心理需求，站在消费者的角度考虑网站内容，并应在实践中逐渐改进。

任务准备 2：了解电商网站的类型

（1）按照商务目的和业务功能分类：基本型电商网站、宣传型电商网站、客户型电商网站、综合型电商网站。

（2）按照构建网站的主体分类：行业型电商网站、企业型电商网站、政府型电商网站、组织型电商网站。

（3）按照商务网站开办者分类：流通型电商网站、生产型电商网站。

（4）按照网站运作广度和深度分类：垂直型电商网站、水平型电商网站、专业型电商网站、公司型电商网站。

（5）按照业务范畴和运作方式分类：非交易型电商网站、半交易型电商网站、全交易型电商网站。

任务准备 3：常见电商网站介绍

常见电商网站介绍如表 2-2 所示。

表 2-2　常见电商网站介绍

网站名称	网址	网站简介
阿里巴巴	www.1688.com	阿里巴巴是全球企业间（B2B）电商的著名品牌，为数千万企业提供海量商机信息和便捷安全的在线交易市场，也是人们以商会友、真实互动的社区平台。目前，该网站已覆盖原材料、工业品、服装饰、家居百货、小商品等 12 个行业大类，提供原料、生产、加工、现货等商品和服务
京东商城	www.jd.com	京东商城是专业的网上购物商城，经营范围包括数码、家电、手机、计算机配件、网络商品等数万种商品，为客户提供便捷、诚信的服务

续表

网站名称	网　　址	网站简介
淘宝网	www.taobao.com	淘宝网是亚洲较大的网上交易平台，提供各类服饰、美容、家居、数码……数亿件优质商品，同时提供担保交易（先收货后付款）等安全交易保障服务，并由商家提供退货承诺、破损补寄等保障服务，使客户可以安心地享受网上购物的乐趣
苏宁易购	www.suning.com	苏宁易购是苏宁电器集团旗下的新一代 B2C 网上商城，于 2009 年 8 月 18 日上线试运营。2010 年 1 月 25 日，苏宁电器在南京总部宣布该公司的 B2C 网购平台"苏宁易购"于 2 月 1 日正式上线，并将自主采购、独立运营，苏宁电器也由此正式进入电商 B2C 领域
美团	www.meituan.com	美团是提供美食攻略，外卖网上订餐，酒店预订，旅游团购，飞机票、火车票、电影票、KTV 团购，店铺信息查询，商家评分 / 评价的一站式生活服务网站
糯米网	www.nuomi.com	糯米网是千橡互动集团旗下的社交化电商网站，创立于 2010 年。糯米网通过为客户每日推荐一款物超所值的本地优质生活服务，从而为客户提供精品生活指南
买购网	www.maigoo.com	买购网是一站式企业—经销商—用户平台。客户可以在买购网查询各大品牌、品牌招商、品牌排行榜、正规经销商专卖店、热门网店、TOP 热卖商品、各种建材装修知识、图库、各类排行榜等信息
中国供应商网	www.china.cn	中国供应商网是基于我国经济建设趋势和企业发展需求，由中国互联网新闻中心推出的权威、诚信的网络贸易平台
天猫商城	www.tmall.com	天猫商城是中国线上购物的地标网站，是亚洲超大型综合性购物平台，拥有 10 万多个品牌商家，每日发布大量国内外商品，品类全，一站购，支付安全，退换无忧
当当网	www.dangdang.com	当当网是全球领先的综合性网上购物中心，有超过 100 万种商品在线热销，包括图书、音像、母婴、美妆、家居、数码 3C、服装、鞋包等几十大类商品

任务执行

步骤 1：通过搜索引擎搜索相关网站的经营业务

（1）通过搜索引擎搜索主流的电商网站，如搜狐网、阿里巴巴、58 同城、去哪儿、聚划算等（如图 2-2 至图 2-6 所示），选择其中的两个电商网站，描述这些网站经营的商品业务与服务特色等内容。

（2）注册成为这些电商网站的会员，总结在这些电商网站注册为会员后的作用与意义。

图 2-2　搜狐网

图 2-3　阿里巴巴

图 2-4　58同城

图 2-5　去哪儿

图 2-6　聚划算

步骤 2：以小组为单位完成常见电商网站分析报告

各小组重点了解注册电商网站会员的过程，以及每个网站的功能特点、涉及领域、主营业务与网站风格等信息。根据本组任务实际实施情况，整理成最终的分析报告，并填入表 2-1 中。

步骤 3：各小组委派一名代表上台分享分析报告

各小组委派一名代表上台展示并分享本小组任务实施的过程、经验，以及遇到的问题和解决方法，教师予以点评。

任务评价

在完成上述任务后，由教师组织学生进行三方评价，并对任务执行情况进行点评。学生完成如表 2-3 所示的任务评价表的填写。

表 2-3　"了解电商网站"任务评价表

项 目 组		成 员				
评价标准	评价项目	分 值	自我评价（20%）	他组评价（30%）	教师评价（50%）	合 计（100%）
	在规定时间内完成电商网站的会员注册	40				
	了解电商主营业务与网站风格，并撰写分析报告	25				
	分享讲解详细、流畅	35				
合　计		100				

任务二　体验电商运营模式

任务展示

（1）请扫一扫图 2-7 中的二维码，预习本任务的学习资料。

（2）浏览常见的电商网站，分析页面布局与网站导航分类，在阿里巴巴、慧聪网、京东商城、天猫商城，淘宝网、当当网、携程旅行网、猪八戒网等网站查看页面布局、业务商品分类导航及交易模式等信息，查阅移动端与 PC 端的网站，初步了解这些电商网站的经营模式有何异同，并完善"电商网站运营模式体验报告"（如表 2-4 所示）。

图 2-7　本任务学习资料

表 2-4　电商网站运营模式体验报告

B2B 平台运营模式			环球资源网	中国化工网
			中国机械网	
	世界工厂网		机电之家	
B2C 平台运营模式			唯品会	亚马逊
	TCL 官方商城		小米官方商城	DELL 官方商城
G2B 平台运营模式	中国税务网		中国招标网	中国法制网
	中国质量网		司法拍卖网	
C2C 平台运营模式				58 同城、赶集网
O2O 平台运营模式	美团、饿了么		百度、糯米、聚划算	大众点评网
其他平台运营模式	P2P 网络金融			

任务准备

任务准备 1：理解什么是电商运营模式

电商运营模式是指电子企业（E-business）运用电子科技与互联网经营企业的方式。这些经营模式可以归纳为以下四种。

（1）广告模式：提供网页空间刊登广告，以收取广告费。

（2）零售模式：开设虚拟店面，贩卖商品。

（3）中介模式：撮合买卖双方完成交易，以抽取佣金。

（4）服务模式：提供在线服务，以收取服务费。

任务准备 2：了解电商运营有哪些工作内容

电商运营与企业运营存在相似之处，包括调研、电商运营、商品定位、管理分类、开发规划、运营策划、商品管控、数据分析、分析执行及跟进等环节。电商运营的对象是根据企业需要所开发、设计、建设的电商平台的附属商品。

任务执行

步骤 1：以小组为单位体验电商运营平台的营销推广

以小组为单位，以用户身份进入指定的电商平台——阿里巴巴（如图 2-8 所示）和京东商城（如图 2-9 所示），查看这些平台的营销推广模式。

图 2-8　阿里巴巴

图 2-9　京东商城

步骤 2：以小组为单位完成电商网站运营模式体验报告

各小组重点了解电商网站的运营模式，以及业务对象和运营推广环节。根据本组任务实际实施情况，完善体验报告（如表 2-4 所示）。

步骤 3：各小组委派一名代表上台分享体验报告

各小组委派一名代表上台分享体验报告，并分享本组任务实施的过程、经验，以及遇到的问题和相应的解决方法，教师予以点评。

任务评价

在完成上述任务后，由教师组织学生进行三方评价，并对任务执行情况进行点评。学生完成如表 2-5 所示的任务评价表的填写。

表 2-5 "体验电商运营模式"任务评价表

项　目　组		成　员				
评价标准	评价项目	分　值	自我评价（20%）	他组评价（30%）	教师评价（50%）	合　计（100%）
	能够在规定时间内完成报告的制作	40				
	小组成员分工合作情况	25				
	分享讲解详细、流畅	35				
合　计		100				

任务三　创建电商网店

任务展示

（1）请扫一扫图2-10中的二维码，预习本任务的学习资料。

（2）浏览科技行业类网站、金融类网站、招聘行业类网站、旅游类网站，生活服务类网站，分析这些网站的经营模式、商品特色、网站风格。

（3）进入天猫商城、当当网、京东商城，查看这些平台的入驻条件与资质要求，以及这些网站平台的入驻费用标准等，填写如表2-6所示的分析报告。

图2-10　本任务学习资料

表2-6　常见电商网站入驻条件与资质要求分析报告

调查项目	实例	平台保证金	入会费	佣金比例
B2B电商网站平台	慧聪网			
	阿里巴巴			
	中国化工网			
	金泉网			
B2C电商网站	天猫商城			
	京东商城			
	当当网			
	亚马逊			
O2O电商网站	美团			
	饿了么			
	聚划算			
招聘网站	智联招聘			
	前程无忧			
旅游网站	携程旅行网			
	去哪儿			
生活网站	58同城			

任务准备

任务准备：理解电商网店是做什么的

（1）电商网店：作为电商的一种形式，电商网店是一种能够让人们在浏览网店的同时购买商品，且通过各种在线支付手段进行支付、完成交易的平台。这些网店大多数都是入驻淘宝网、天猫商城、阿里巴巴、易趣网、京东商城、当当网等平台开设的企业商城，或者是自己找人开发的 PC 端与移动端商城，或者是入驻第三方电商平台开的店。

（2）开店前期准备。

① 18 周岁以上公民持本人身份证，到银行柜台办理一张有网银功能的银行卡。

② 注册网店平台会员，并进行实名认证。

③ 申请网店注册。

④ 网店装修、商品上架、设置价格、网店推广。

（3）确定网店类型。

① 旗舰店：旗舰店是指以自有品牌或由商标权人提供的独占授权的品牌入驻电商平台开设的店铺，即官方企业自己开设的网站销售平台，或者入驻第三方电商平台的网店。

② 专卖店：专卖店是指以商标权人提供的普通授权的品牌入驻电商平台开设的店铺，包括取得授权书的代理商、经销商开设的，或者在第三方电商平台开设的只卖一个品牌或一个系列商品的授权店。

③ 专营店：专营店是指同一电商平台经营大类下，经营两个及两个以上品牌的店铺，包括取得多个品牌授权的代理商，自己开设网店，或者入驻第三方电商平台开设网店，可以销售多个品牌或多个系列商品。

④ 卖场型旗舰店：卖场型旗舰店是指以服务类型注册商标，开设且经营多个品牌的旗舰店。

🛠 任务执行

➤ 步骤 1：通过搜索引擎搜索相关网站的入驻接口

通过搜索引擎搜索各种平台（B2B 平台，如阿里巴巴；B2C 平台，如天猫商城、京东商城、当当网；C2C 平台，如淘宝网；O2O 平台，如美团）的官方网站，查看这些平台入驻接口 URL（统一资源定位符），并把这些接口链接的内容详细描述出来。各种平台入驻及开店接口实例及入驻指南如图 2-11 至图 2-14 所示。

图 2-11　B2B 平台入驻及开店接口

图 2-12　B2C 平台入驻及开店接口

图 2-13　O2O 平台入驻及开店接口

图 2-14　"天猫商城"商家免费入驻指南

步骤 2：学生以小组为单位完成分析报告

各小组重点了解常见电商网站入驻条件与资质要求。根据本组任务实际实施情况，整理成最终的分析报告，并填写完成表 2-6。

步骤 3：各组委派一名代表上台分享分析报告

每组各委派一名代表上台展示，并分享本组任务实施的过程、经验，以及遇到的问题和相应的解决方法，教师予以点评。

任务评价

在完成上述任务后，教师组织学生进行三方评价，并对任务执行情况进行点评。学生完成如表 2-7 所示的任务评价表的填写。

表 2-7　"创建电商网店"任务评价表

项　目　组		成　员				
评价标准	评价项目	分　值	自我评价（20%）	他组评价（30%）	教师评价（50%）	合　计（100%）
	能够在规定时间内完成分析报告	40				
	小组成员分工合作情况	25				
	分享讲解详细、流畅	35				
合　计		100				

任务四 体验网上银行操作

任务展示

（1）请扫一扫图 2-15 中的二维码，预习本任务的学习资料。

（2）分别选择进入当前几家主流的银行的官方网站，如中国银行、中国工商银行、中国建设银行、中国农业银行、中国交通银行、招商银行等，查看这些银行提供的金融商品与服务。

（3）分别下载中国银行、中国工商银行、中国建设银行、中国农业银行、中国交通银行、招商银行等手机银行 App，

图 2-15　本任务学习资料

安装并查看这些 App 的整体页面布局，分析这些 App 的经营业务与经营风格，并制作分析报告。

任务准备

任务准备 1：理解什么是网上银行

网上银行又称网络银行、在线银行或电子银行，是各银行在互联网中设立的虚拟柜台。银行利用网络技术，通过互联网向客户提供开户、销户、查询、对账、行内转账、跨行转账、信贷、网上证券、投资理财等服务项目，使客户足不出户就能够安全、便捷地处理活期和定期存款、支票、信用卡及个人投资等业务。2017 年 12 月 1 日，《公共服务领域英文译写规范》正式实施，规定网上银行的标准英文名为 Online Banking Service。

任务准备 2：了解网上银行有哪些业务

网上银行的业务品种主要包括基本网银业务、网上投资、网上购物、个人理财助理、企业银行及其他金融服务。

1. 基本网银业务

基本网银业务是指商业银行提供的基本网上银行服务（网银业务），包括在线查询账户余额和交易记录、下载数据、转账和网上支付等。

2. 网上投资

由于金融服务市场发达，可以投资的金融商品种类众多，所以网上银行提供股票、期权、共同基金投资和 CDS 交易等多种网上投资方式。

3. 网上购物

网上银行设立的网上购物服务，极大地方便了客户网上购物，为客户在服务品种上提供了优质的金融服务或相关的信息服务，加强了银行在传统竞争领域的竞争优势。

4. 个人理财助理

个人理财助理是网上银行重点发展的服务项目。各大银行将传统银行业务中的理财助理转移到网上，通过网络为客户提供理财的各种解决方案，提供咨询建议，或者提供金融服务技术的援助，从而扩大了银行的服务范围，并降低了服务成本。

5. 企业银行

企业银行服务是网上银行服务中最重要的服务项目之一，其服务品种比个人客户更多，也更复杂，对相关技术的要求也更高，所以能够为企业提供网上银行服务是银行实力的体现，一般中小型网上银行只能提供部分服务，甚至完全不提供这方面的服务。

6. 其他金融服务

除银行服务外，大型银行的网上银行均通过自身或与其他金融服务网站联合的方式，为客户提供多种金融服务，如保险、抵押和按揭等，以扩大网上银行的服务范围。

任务执行

➤ 步骤1：体验PC端与移动端网上银行操作

在指定的网上银行——中国工商银行和中国建设银行（如图2-16、图2-17所示），以用户的身份体验从注册网上银行到资金管理（转账、转入、转出）的操作流程。分别对中国工商银行和中国建设银行的网上注册与使用流程进行归纳和总结。

图2-16　中国工商银行

图 2-17　中国建设银行

　　首先进入网站的注册页面，进行用户名注册（允许使用别名或银行账号注册）（如图 2-18、图 2-19 所示），注册成功后，分别进行资金管理操作。

图 2-18　中国工商银行注册页面

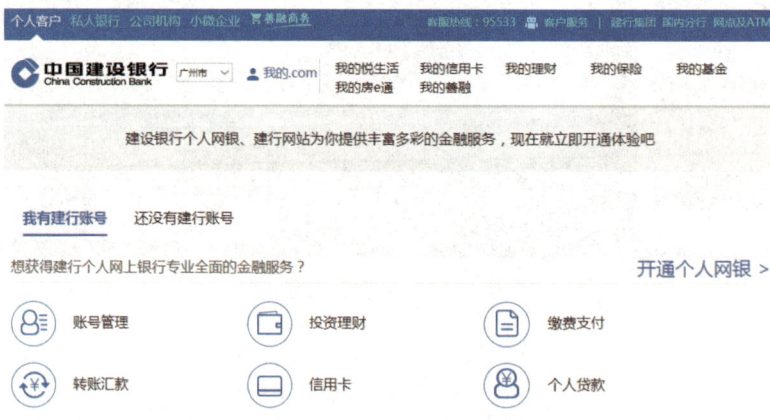

图 2-19　中国建设银行注册页面

步骤 2：完成网上银行操作使用分析报告

要求各小组注册完成后，根据本组任务实际实施情况，完成最终的分析报告（如表 2-8 所示）。

表 2-8　网上银行分析报告

中国四大银行	网　　址	网上银行业务	网站评价

步骤 3：各小组委派一名代表上台分享分析报告

各小组委派一名代表上台展示并分享本小组任务实施的过程、经验，以及遇到的问题和相应的解决方法，教师予以点评。

任务评价

在完成上述任务后，教师组织学生进行三方评价，并对任务执行情况进行点评。学生完成如表 2-9 所示的任务评价表的填写。

表 2-9　"体验网上银行操作"任务评价表

项　目　组		成　员				
评价标准	评价项目	分　值	自我评价（20%）	他组评价（30%）	教师评价（50%）	合　计（100%）
	按时完成平台的注册流程	40				
	正常进行资金管理操作	40				
	PC 端的安全控件的安装使用	20				
合　计		100				

任务五　进行网上信息发布

◈ 任务展示

（1）请扫一扫图 2-20 中的二维码，预习本任务的学习资料。

（2）请将一批男士运动休闲套装相关信息上传到淘宝店铺进行销售。

图 2-20　本任务学习资料

任务准备

✎ 任务准备 1：了解网上发布商品信息的要点

（1）发布商品信息。

对于商品的信息，如商品的标题、标价、照片、详细介绍等都需要进行详细的说明，这样有利于提高发布的效果。

（2）整理收录好的电商网站。

整理收录好的电商网站，对于提高商品信息发布的效果非常有帮助。通常选择多种发布平台进行商品信息的发布，包括各种 B2B 平台、分类信息网、免费平台、博客、社区、论坛、微博等。

（3）了解商品发布的效果。

商品是否能够成功发布，以及发布后是否有收效、是否有转化率等都是非常重要的。可以根据自己选择的发布平台，选择有影响力的平台坚持发布，对于发布信息不完全而导致无法达到预期效果的，则要对发布信息进行更改，进而提高发布效果。

✎ 任务准备 2：填写优质标题

（1）精准定位产品关键词。例如，"电动立式混凝土搅拌机"比"搅拌机"更加的精准。

（2）适当强调关键词，如"气动单座套筒调节阀""气动套筒调节阀""气动调节阀"

（3）标题中包含产品关键信息，突出产品卖点。常见的关键词搜索组合形式，如关键词＋厂家、价格、批发、特价供应、现货供应、厂家直销、生产厂家、工厂、型号／规格（指的是产品的具体型号／规格，请勿直接写型号／规格）、品牌／商标（指的是产品的具体品牌或商标，请勿直接写品牌／商标）、材质、特性等。

在搜索引擎中搜索服务或产品，查看下拉提示及底部相关提示，然后把这些关键词保存到文档中，再根据自己的产品或服务加以融合后再发布。

任务准备 3：填写完整的产品描述

产品描述承载了整个产品的详细说明，包括产品基本情况、产品性能、材料、参数表、型号、用途，包装、使用说明、售后服务等方面，可以突出产品的优势和特点。产品描述需要涵盖以下内容。

（1）罗列与产品相关的重要参数。

（2）介绍产品的功能、作用、相关知识点。

（3）介绍产品的特色、卖点、使用帮助、售后服务、购买须知。

产品描述的填写要求如下。

（1）图文并茂。

（2）文中要适当加入推广的关键词。

（3）篇幅不能过短，建议字数不少于 200 字。

（4）不要带有联系方式或网址（本站网址除外）。

（5）不能重复发布，相似度不要超过 70%（两条产品描述内容相似度不能超过 70%）。

切勿在产品描述中填写无关紧要的内容，或者整个商铺的全部产品都填写为同一内容，通常，搜索引擎会将这样的信息视为垃圾信息，从而影响发布效果。

任务执行

步骤 1：登录淘宝网

请扫一扫图 2-21 中的二维码，观看认识手机淘宝的视频讲解。

图 2-21　认识手机淘宝

登录淘宝网（www.taobao.com），利用已经注册的淘宝账号和密码登录，或者直接用手机淘宝 App 扫码登录，登录页面如图 2-22 所示。

手机扫码，安全登录

密码登录在这里

打开 手机淘宝 | 手机天猫
扫一扫登录

密码登录　免费注册

图 2-22　手机淘宝 App 登录页面

步骤2：进入"发布宝贝"界面

单击"卖家中心"进入店铺主页，选择"宝贝管理"→"发布宝贝"，开始进行商品的发布，上传已经拍摄好的商品照片。发布页面如图2-23所示。

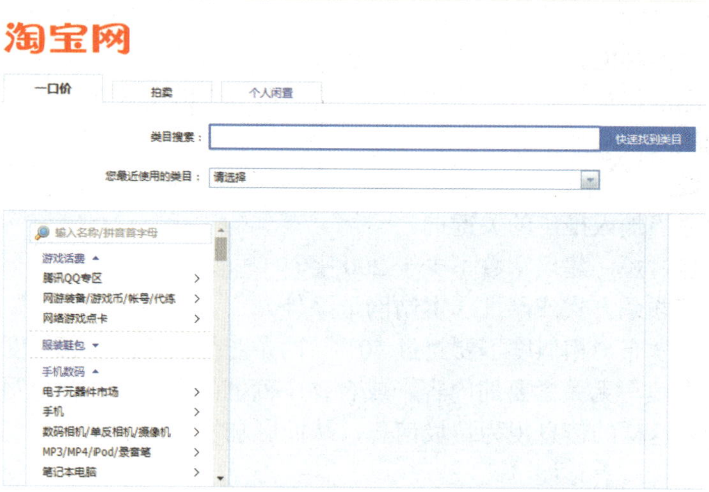

图2-23　发布页面

步骤3：在"类目搜索"框中输入商品类别

进入搜索商品类别页面，在"类目搜索"框中输入"运动休闲装"，选择匹配到的10个类目中的"6.男装 >> 套装 >> 休闲运动套装"，单击"我已阅读以下规则，现在发布宝贝"按钮，如图2-24所示。

图2-24　搜索商品类别页面

步骤 4：填写宝贝基本信息

填写宝贝基本信息，其中打 * 号的项目必须填写，"宝贝类型"通常选择"全新"，输入宝贝的款号、品牌，宝贝适合的性别和吊牌价（销售的价格），其他选项也要如实填写，如图 2-25 所示。

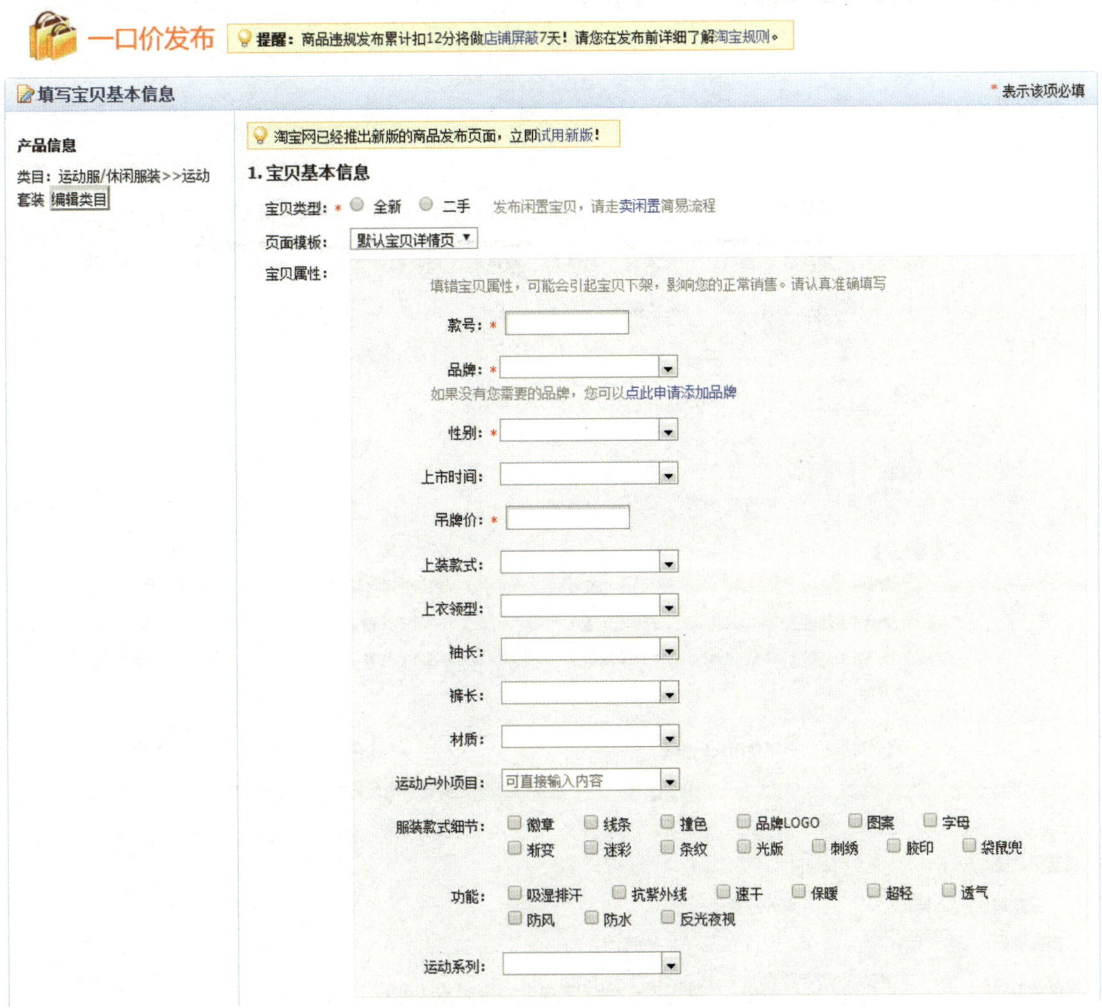

图 2-25　填写宝贝基本信息

步骤 5：输入宝贝的标题、规格和数量等信息

输入宝贝的标题（描述文字尽量多一些，但不要超过 30 个字），输入宝贝的颜色和尺码、宝贝的数量及商家编码，如图 2-26 所示。

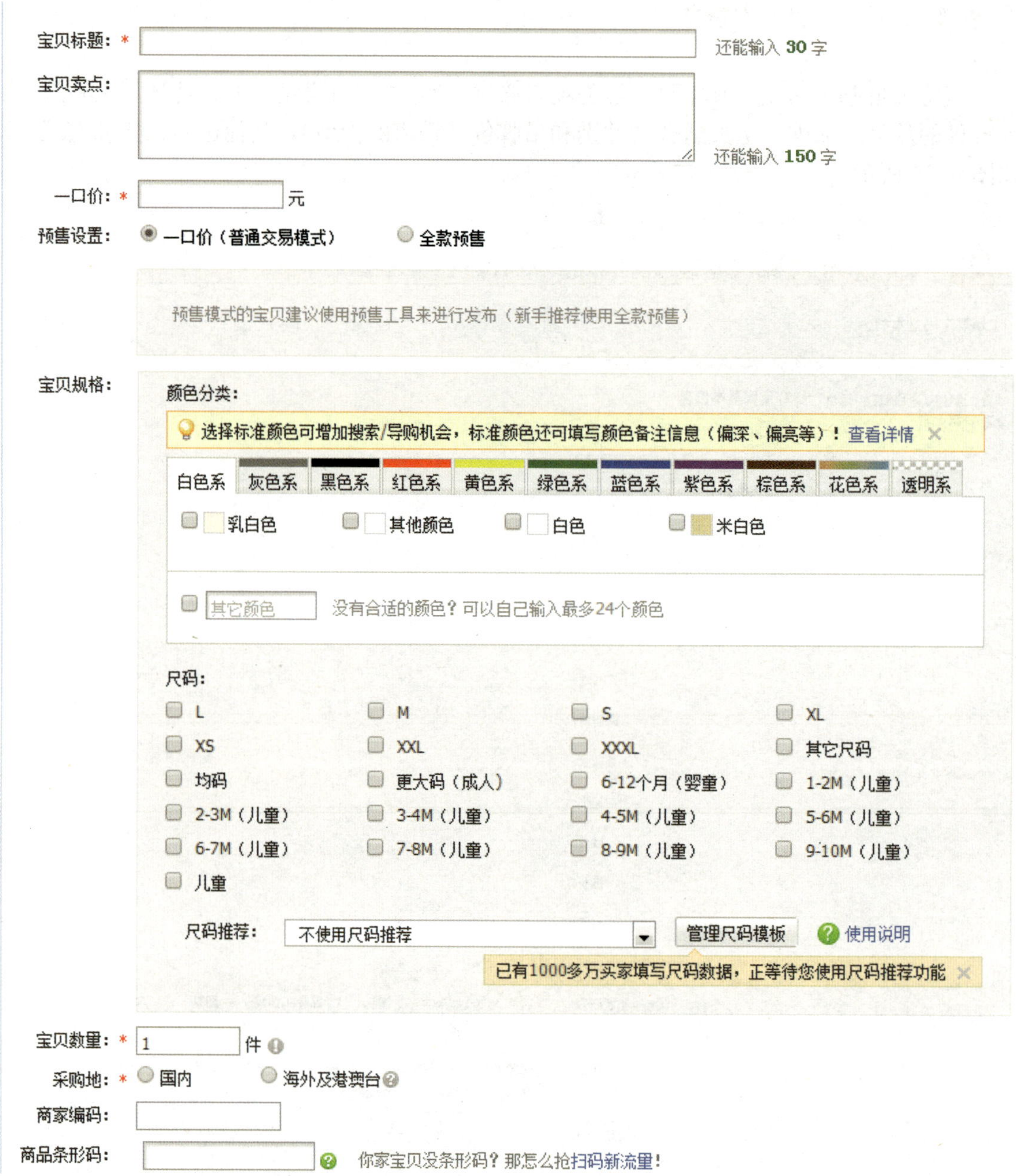

宝贝标题：* [   ]　还能输入 **30** 字

宝贝卖点： [   ]

[   ]　还能输入 **150** 字

一口价：* [   ] 元

预售设置：　◉ 一口价（普通交易模式）　　○ 全款预售

预售模式的宝贝建议使用预售工具来进行发布（新手推荐使用全款预售）

宝贝规格：　**颜色分类：**

💡 选择标准颜色可增加搜索/导购机会，标准颜色还可填写颜色备注信息（偏深、偏亮等）！查看详情　×

| 白色系 | 灰色系 | 黑色系 | 红色系 | 黄色系 | 绿色系 | 蓝色系 | 紫色系 | 棕色系 | 花色系 | 透明系 |

☐ 乳白色　　☐ 其他颜色　　☐ 白色　　☐ 米白色

☐ 其它颜色　没有合适的颜色？可以自己输入最多24个颜色

尺码：

☐ L　　　　　☐ M　　　　　☐ S　　　　　☐ XL
☐ XS　　　　☐ XXL　　　　☐ XXXL　　　☐ 其它尺码
☐ 均码　　　☐ 更大码（成人）　☐ 6-12个月（婴童）　☐ 1-2M（儿童）
☐ 2-3M（儿童）　☐ 3-4M（儿童）　☐ 4-5M（儿童）　☐ 5-6M（儿童）
☐ 6-7M（儿童）　☐ 7-8M（儿童）　☐ 8-9M（儿童）　☐ 9-10M（儿童）
☐ 儿童

尺码推荐：　[不使用尺码推荐　　　▾]　[管理尺码模板]　❓ 使用说明

已有1000多万买家填写尺码数据，正等待您使用尺码推荐功能　×

宝贝数量：* [1] 件 ⓘ

采购地：* ○ 国内　　○ 海外及港澳台 ❓

商家编码： [   ]

商品条形码： [   ] ❓ 你家宝贝没条形码？那怎么抢扫码新流量！

图 2-26　宝贝标题、规格和数量等信息

✎ **步骤6：上传宝贝主页及详情页**

上传已经做好的宝贝的图片（包括一张宝贝主图及四张细节图片）及视频，上传宝贝主页及详情页如图 2-27 所示。

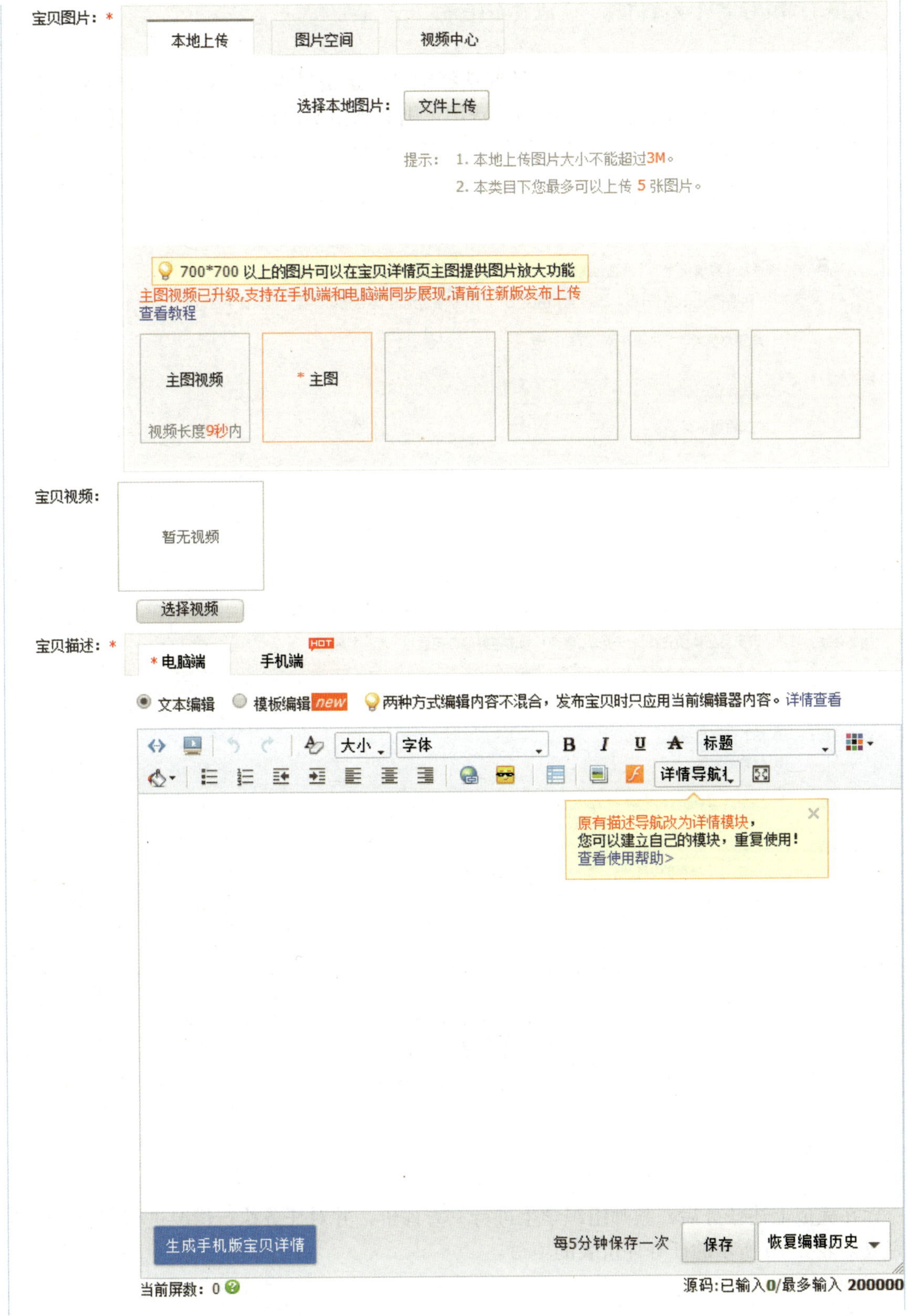

宝贝图片：*

| 本地上传 | 图片空间 | 视频中心 |

选择本地图片：　[文件上传]

提示：　1. 本地上传图片大小不能超过**3M**。

2. 本类目下您最多可以上传 **5** 张图片。

💡 700*700 以上的图片可以在宝贝详情页主图提供图片放大功能
主图视频已升级,支持在手机端和电脑端同步展现,请前往新版发布上传
查看教程

| 主图视频

视频长度**9秒**内 | *主图 | | | | |

宝贝视频：

暂无视频

[选择视频]

宝贝描述：*

| *电脑端 | 手机端 ᴴᴼᵀ |

● 文本编辑　　○ 模板编辑 *new*　　💡两种方式编辑内容不混合,发布宝贝时只应用当前编辑器内容。详情查看

〈/〉 🖼 ↺ ↻ | 🖊 | 大小 ▾ | 字体 ▾ | **B** *I* U̲ A | 标题 ▾ | ▦ ▾

🎨▾ | ☰ ☰ | ⇥ ⇤ | ☰ ☰ ☰ | 🌐 😊 | ▦ | ▢ | *f* | 详情导航 | ⛶

> 原有描述导航改为详情模块,
> 您可以建立自己的模块,重复使用!　✕
> 查看使用帮助>

[生成手机版宝贝详情]　　　　　每5分钟保存一次　　[保存]　[恢复编辑历史 ▾]

当前屏数：0 ❓　　　　　　　　　　　　　　　源码：已输入**0**/最多输入 **200000**

图 2-27　上传宝贝主页及详情页

📌 **步骤 7：填写宝贝物流信息，完成发布任务**

填写宝贝的物流信息时，需根据情况选择宝贝的运费模板，如果卖家承担物流费用，则选择"包邮"模板；如果买家承担物流费用，则必须由卖家自己制作运费模板，并填写售后保障信息和其他信息。最后单击"发布"按钮发布宝贝，如图 2-28 所示。

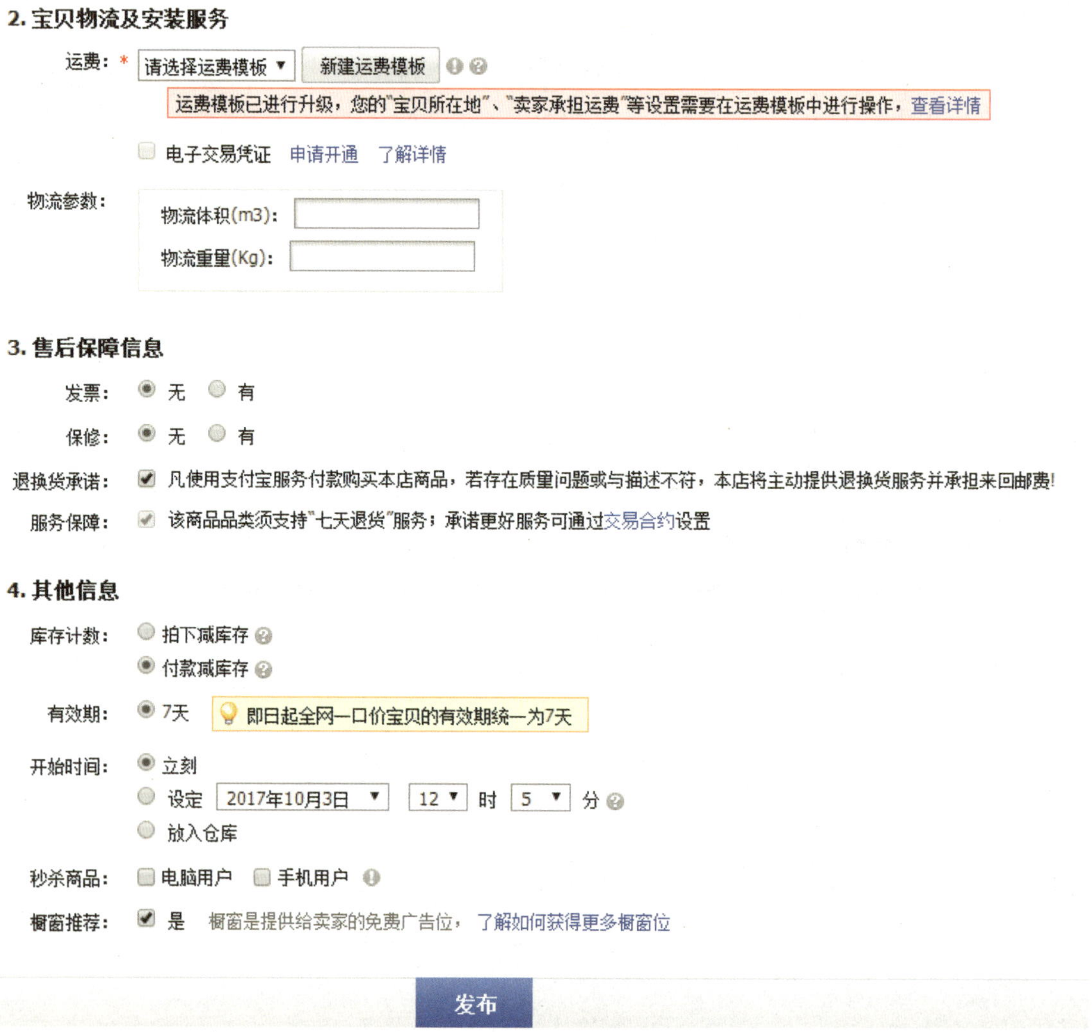

图 2-28　填写宝贝物流信息

📖 **任务评价**

在完成上述任务后，教师组织学生进行三方评价，并对任务执行情况进行点评。学生完成如表 2-10 所示的任务评价表的填写。

表 2-10 "进行网上信息发布"任务评价表

项 目 组		成 员				
评价标准	评价项目	分 值	自我评价（20%）	他组评价（30%）	教师评价（50%）	合 计（100%）
	正确完成产品描述流程	50				
	正确完成产品信息发布流程	50				
合 计		100				

思政课堂

请扫一扫图 2-29 中的二维码，进行项目二思政课堂的学习。

图 2-29 项目二思政课堂

课后习题

请扫一扫图 2-30 中的二维码，进行项目二课后习题的练习。

图 2-30 项目二课后习题

项目三

体验移动电商采购管理

本项目分为四个任务，亲爱的同学们，现在让我们通过学习任务，体验在电商时代如何进行采购管理吧！

任务一 认识采购

任务展示

（1）请扫一扫图 3-1 中的二维码，预习本任务的学习资料。

（2）对于电商物流企业来说，采购是电商物流企业经营中的核心环节，是其获取利润的重要因素，对企业的产品开发、质量保证、供应链及经营管理起着极其重要的作用。

图 3-1 本任务学习资料

任务准备

任务准备 1：关于采购的解释

请扫一扫图 3-2 中的二维码，观看电商平台供应商的选择的视频讲解。

采购和销售是公司唯一能"挣钱"的部门，其他任何部门发生的都是管理费用——杰克·韦尔奇（选自《杰克·韦尔奇自传》，如图 3-3 所示）。

图 3-2 电商平台供应商的选择

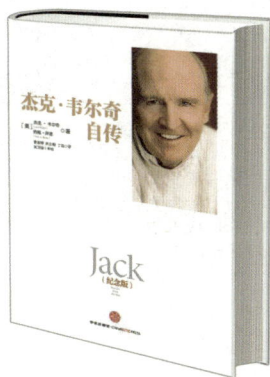

采购人员不是在为公司讨价还价，而是在为客户讨价还价，我们应该为客户争取最低的价钱——萨姆·沃尔顿（选自《赢遍全世界》，如图 3-4 所示）。

图 3-3 《杰克·韦尔奇自传》

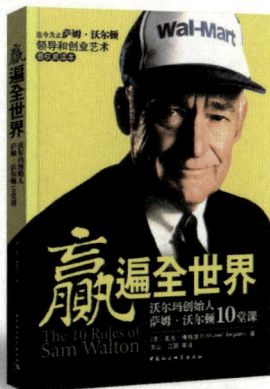

图 3-4 《赢遍全世界》

🖉 任务准备 2：理解什么是采购

采购是指企业在一定的条件下，从供应市场获取产品或服务，并将其作为企业资源，以保证企业生产及经营活动正常开展的一项企业经营活动，是企业根据生产经营活动的需要，通过信息搜集、整理和评价，寻找、选择合适的供应商，并就价格和服务等相关条款进行谈判，达成协议，以确保需求得到满足的活动。

狭义的采购是指企业根据需求编制采购计划、审核计划、选择供应商，经过商务谈判确定价格、交换、条件，最终签订合同，并按照要求收货、付款的全过程。这是一种以货币换取物品的方式，也是普通的采购途径。

广义的采购是指单位或个人为了满足某种特定的需求，通过购买、租赁、借贷、交换等各种不同的途径，取得商品及服务的使用权或所有权的活动过程。

🖉 任务准备 3：了解采购的分类

采购分类如表 3-1 所示。

表 3-1　采购分类

分类标志	所分类别	简　　介
按照采购价格分类	招标采购	列明采购的所有详细条件，刊登广告，参加投标的生产厂商按照公告中的条件，在规定的时间内缴纳投标押金，参加投标
	询价采购	选取信用可靠的生产厂商，讲明采购条件，并询问价格或寄询价单请对方报价，比较后采购
	比价采购	比较多家生产厂商所提供的价格，通过比较价格决定采购
	定价采购	在购买商品数量巨大或市场上该商品匮乏时，确定价格现场收购
	议价采购	与生产厂商讨价还价后，按一定价格进行采购
	公开市场采购	在公开交易或拍卖时随时机动地采购
按照采购政策分类	集中采购	总部统一进行采购管理，属于集权管理采购
	分散采购	由下属各分部进行采购，属于放权管理采购
按照采购方式分类	直接采购	直接向生产厂商进行采购
	委托采购	委托某代理商或贸易公司向生产厂商进行采购
	调拨采购	在几个分厂，或者生产厂商和客户之间进行协调，将过剩的物料互相调拨

🖉 任务准备 4：我国政府采购制度的发展历程

我国政府采购制度的发展从 1996 年至今，经历了以下四个阶段。
（1）研究探索阶段。
1995 年，财政部结合财政支出改革对政府采购进行理论研究。

1996 年，上海、河北、深圳等地启动政府采购的试点工作。

（2）试点阶段。

指定《中国财经报》作为政府采购的宣传媒体。

1999 年，财政部召开全国政府采购工作会议。

（3）由试点向全面推行转变阶段。

2000 年 6 月之后，财政部设立政府采购管理机构。

在《中国财经报》的基础上，开办了"中国政府采购网"（www.ccgp.gov.cn）和《中国政府采购》杂志，形成了"三位一体"的政府采购宣传体系。

（4）全面推行阶段。

2003 年 1 月，《政府采购法》正式实施，标志着我国的政府采购制度由试点进入全面推行阶段。

✏ 任务准备 5：国外政府采购制度发展历程

1782 年，英国政府设立了皇家文具公用局，作为负责政府部门所需办公用品采购的机构。与此同时，英国政府开始对政府采购管理进行立法，政府机构开始就政府采购问题进行制度建设和机构建设，这标志着英国的政府采购制度的初步形成。

继英国政府建立政府采购制度之后，政府采购制度迅速在多个国家开展起来，这些国家在建立政府采购制度的同时非常注重政府采购法律、法规的完善。特别是在大危机之后，受国家干预经济思想的影响，政府采购制度得到空前发展。

✕ 任务执行

✐ 步骤 1：以小组为单位，补充表格

在网上查找相关资料，以小组为单位完成我国政府采购制度发展的四个阶段的表格的填写（如表 3-2 所示）。

表 3-2　我国政府采购制度发展的四个阶段

阶　　段	历　　程	特　　点	文　　件

步骤2：填制采购分类案例表

在网上查找相关案例，并完成表3-3的填写。

表3-3　采购分类案例

分类标志	所分类别	案　例
按照采购采购价格方式分类		

任务评价

在完成上述任务后，教师组织学生进行三方评价，并对任务执行情况进行点评。学生完成如表3-4所示的任务评价表的填写。

表3-4　"认识采购"任务评价表

项　目　组			成　员				
评价标准	评价项目		分　值	自我评价（20%）	他组评价（30%）	教师评价（50%）	合　计（100%）
	了解采购分类划分方法		40				
	了解采购定义及国内外发展历程		25				
	正确填制采购分类案例表		35				
合　计			100				

任务二　体验电商采购流程

（1）请扫一扫图 3-5 中的二维码，预习本任务的学习资料。

（2）采购在企业中的经营环节中占据着重要的地位，那么电商采购流程是什么样的呢？让我们一起来绘制电商采购流程吧。

图 3-5　本任务学习资料

任务准备

任务准备 1：了解采购工作流程

请扫一扫图 3-6 中的二维码，观看电商采购流程的视频讲解。采购工作流程如图 3-7 所示。

图 3-6　电商采购流程

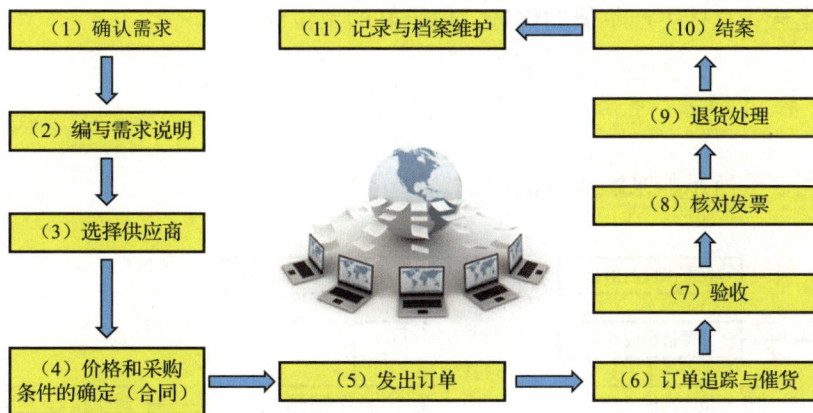

图 3-7　采购工作流程

任务准备 2：常见采购单

常见采购单如表 3-5 所示。

表 3-5　采购单

申购部门：　　　　　　　　　　　　　　年　月　日　　　　　　　　　　　编号：
请购人：　　　　　　　部门主管：　　　　采购经办人：　　财务：　　　核准：

序号	品名	规格型号	单位	请购数量	单价	总价	要求到货日期	用途

任务准备 3：采购管理的原则

采购管理需要遵循以下几项原则。

（1）5R 采购原则，即适时（Right time）、适质（Right quality）、适量（Right quantity）、适价（Right price）、适地（Right place）。

（2）"五不"采购原则，是指没有采购计划的不可采购；三无产品（无厂家、无生产日期、无批准文号）不可采购；名称、规格不符的不可采购；无资金来源的不可采购；库存已经积压的不可采购。

（3）"五权分离"的采购原则，是指计划审批权、采购权、合同审查权、质量检验权、货款支付权这五权要分离。

（4）"六优选"的采购原则，指的是质优价低的优选、本单位的优选、近处单位的优选、老供货商的优选、直接生产单位的优选、信誉好的单位优选。

任务准备 4：了解采购业务流程

了解如图 3-8 所示的采购业务流程。

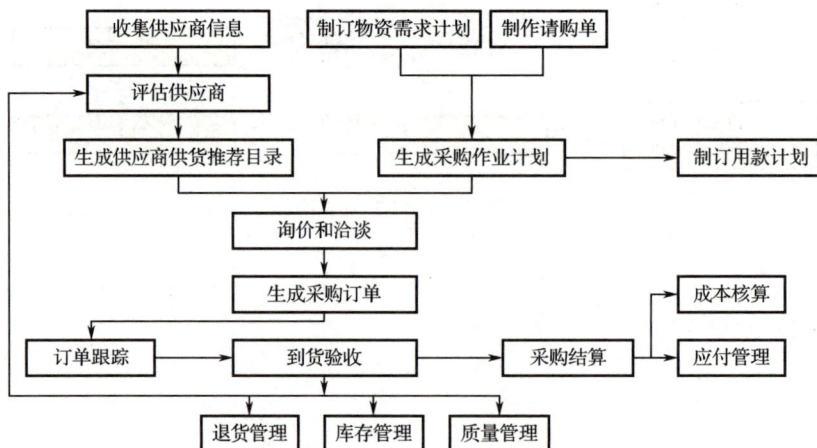

图 3-8　采购业务流程

任务执行

步骤1：绘制采购工作流程

某鞋店经常在"抖音"App上发布促销活动，所销售的8种类型的马丁靴已经成为网红品牌，销售对象主要为"90后""00后"，青少年，中年女士。以小组为单位，补充并说明该鞋店电商采购工作流程（如图3-9所示）。

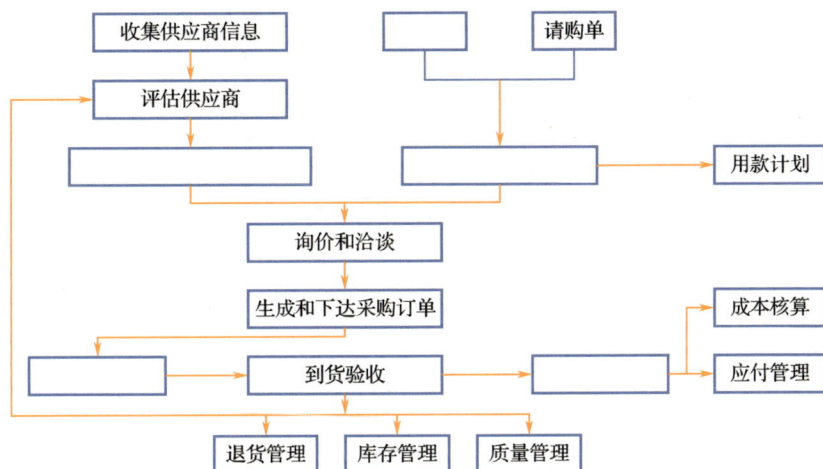

图3-9　采购工作流程

步骤2：绘制采购业务流程图

应用VISIO软件绘制该采购工作业务流程图，如图3-10所示。

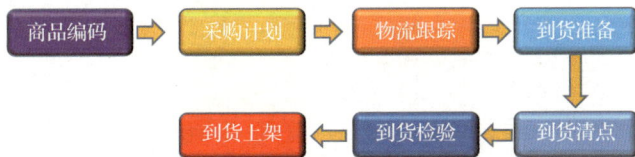

图3-10　采购工作业务流程图

步骤3：各组委派一名代表上台分享任务执行情况

各组委派一名代表上台分享任务执行情况，并分享本组任务实施的过程、经验，以及遇到的问题和相应的解决办法。

任务评价

在完成上述任务后，教师组织学生进行三方评价，并对任务执行情况进行点评。学生完成如表3-6所示的任务评价表的填写。

表 3-6 "体验电商采购流程"任务评价表

项 目 组		成 员				
评价标准	评价项目	分 值	自我评价（20%）	他组评价（30%）	教师评价（50%）	合 计（100%）
	采购工作流程图绘制	40				
	采购单制作	40				
	分享及讲解详细流畅	20				
合 计		100				

任务三　填写电商采购相关单据

任务展示

（1）请扫一扫图 3-11 中的二维码，预习本任务的学习资料。

（2）通过学习采购管理流程，可以对电商采购有一定的认识和了解，接下来我们来一起体验如何填写电商采购相关单据。首先我们要思考两个问题，在填写相关单据之前，我们需要做什么呢？我们的采购需求是什么呢？这样才能根据采购需求正确填写采购相关单据。

图 3-11　本任务学习资料

任务准备

任务准备 1：填写采购需求单

采购需求单填制说明如图 3-12 所示。采购需求单填制内容要求如图 3-13 所示。

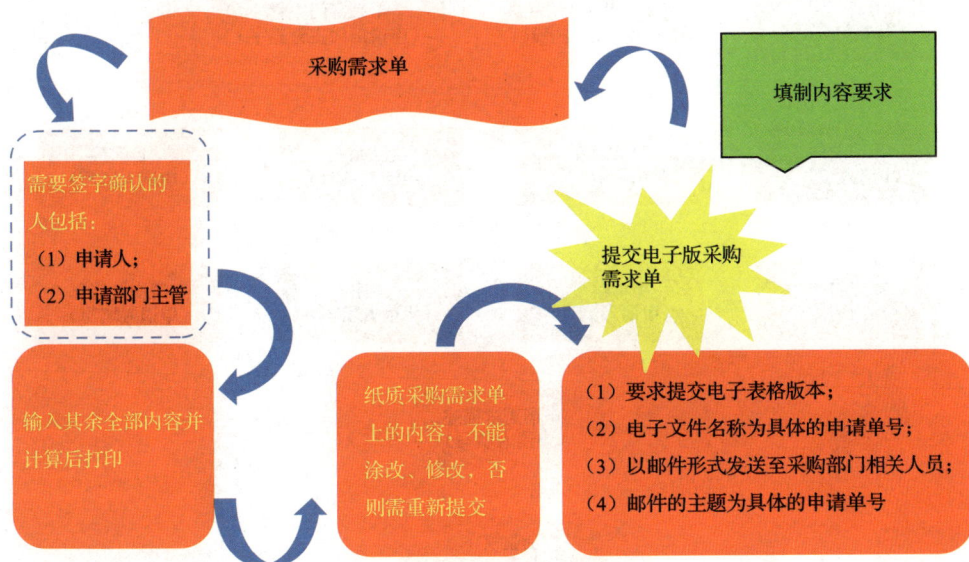

需要签字确认的人包括：
（1）申请人；
（2）申请部门主管

采购需求单

填制内容要求

提交电子版采购需求单

输入其余全部内容并计算后打印

纸质采购需求单上的内容，不能涂改、修改，否则需重新提交

（1）要求提交电子表格版本；
（2）电子文件名称为具体的申请单号；
（3）以邮件形式发送至采购部门相关人员；
（4）邮件的主题为具体的申请单号

图 3-12　采购需求单填制说明

采购需求单

①	②	③	④	⑤	⑥	⑦
采购需求单应按照要求填写完整、清晰，由企业领导审核批准后报采购部门执行采购	申请人填写的请购物品、申请物资需提前与仓库核对是否有库存，满足需求的，从仓库中领取，不满足需求的填写采购需求单	涉及企业各部门急需的物资，企业领导不在的情况下，可通过电话或其他形式请示，征得同意后提报采购部门，并签字确认手续	如果是单一来源采购或指定采购厂家及品牌的产品，则申请部门必须做出书面说明	审核人及批准人需认真核对填写内容是否完整、清晰，不符合规定的应予以拒绝	采购需求单的变更应以书面形式由企业领导签字后报采购部门执行	填写申请物料信息时，应按照物料类别填写，相同类别的产品应尽可能填写在同一张采购需求单上

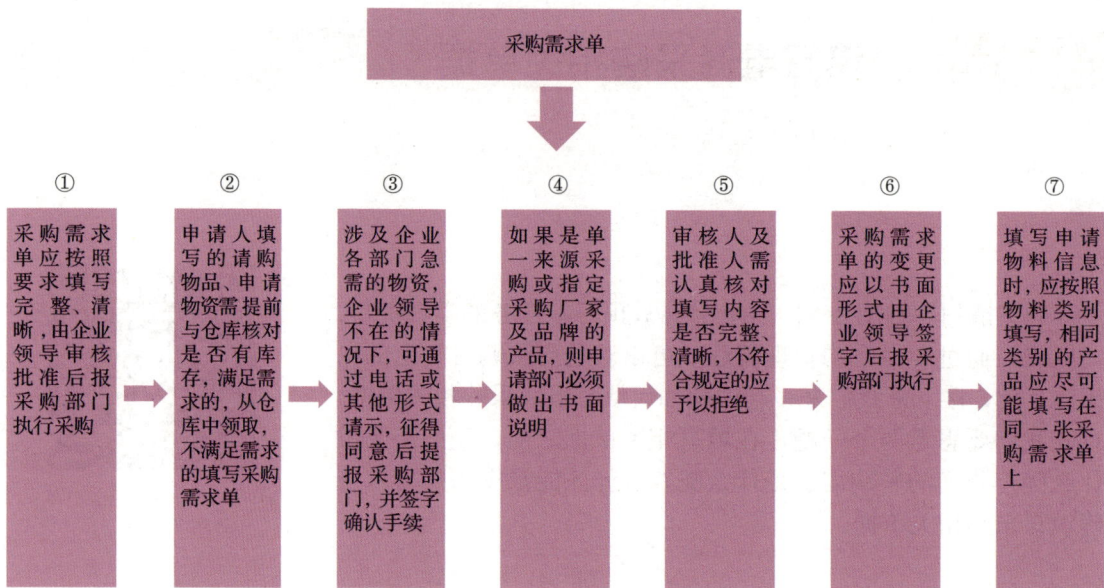

图 3-13　采购需求单填制内容要求

✎ 任务准备 2：采购需求单申请签字流程

采购需求单申请签字流程如图 3-14 所示。

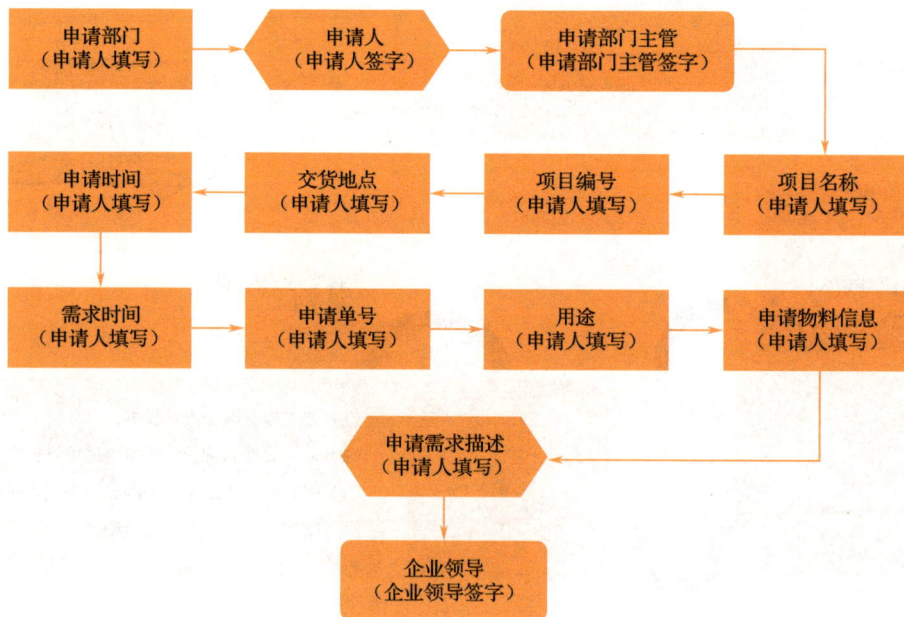

图 3-14　采购需求单申请签字流程

✏️ 任务准备 3：采购需求单样本

采购需求单样本如表 3-7 所示。

表 3-7　采购需求单样本

xxxxxxxx 有限公司　　　　　　　　　　第一联：财务部门
　　　　　　　　　　　　　　　　　　　第二联：采购部门
采购需求单　　　　　　　　　　　　　　第三联：仓库部门
　　　　　　　　　　　　　　　　　　　第四联：申请部门

申请日期：　　　　　申请部门：　　　　　　流水号：

品名规格	数量	单位	需求日期	用途	交货日期	预估金额	备注

批示：　　　　　　　　审核：　　　　　　　　申请人：

申请部门凭签核后的采购需求单前往仓库领取物品。

采购部购买入库后，由仓管告知申请部门领取物品。

所有采购物品需提前 1 周申请以利于采购作业，如果预计采购过程将影响生产作业，则应在备注栏写明"特急"。

申请部门应提早备份物品用量。

✂️ 任务执行

✒️ 步骤 1：填写采购需求单

以小组为单位，根据客户的需求（如表 3-8 所示）完成采购需求单的制作，以及采购需求单申请签字流程。

表 3-8　客户需求

序号	客户名称	商品种类	数量	价格	送货时间	客户位置
1	刘师傅	白面	400 千克	2.6 元 / 千克	2020 年 1 月 29 日 11 时前	第一食堂
		鸡蛋	17 千克	6.1 元 / 千克		
		西红柿	22 千克	4.3 元 / 千克		
		火腿肠	15 箱	100 元 / 箱		
		白菜	20 千克	1.2 元 / 千克		
		猪肉	15 千克	17 元 / 千克		

续表

序　号	客户名称	商品种类	数　量	价　格	送货时间	客户位置
2	李师傅	白面	500 千克	2.6 元 / 千克	2020 年 1 月 29 日 11 时前	第二食堂
		粉丝	15 千克	6.2 元 / 千克		
		土豆	60 千克	5 元 / 千克		
		色拉油	5 桶	60 元 / 桶		
		猪肉	25 千克	17 元 / 千克		

↗ 步骤 2：各小组分享采购需求单

各小组委派一名学生为代表，分享本组制作的采购需求单。

任务评价

在完成上述任务后，教师组织学生进行三方评价，并对任务执行情况进行点评。学生完成如表 3-9 所示的任务评价表的填写。

表 3-9　"填写电商采购相关单据"任务评价表

项　目　组		成　员				
评价标准	评价项目	分　值	自我评价（20%）	他组评价（30%）	教师评价（50%）	合　计（100%）
	填制采购需求单	50				
	分享讲解详细流畅	50				
合　计		100				

任务四　签订采购合同

任务展示

（1）请扫一扫图 3-15 中的二维码，预习本任务的学习资料。

（2）采购合同的履行主要包括订单、质量监控和付款三个环节，因此采购合同不仅明确了双方要履行的权利和义务，而且还确定了出现产品质量问题时将涉及的申诉和处理的法律条款。

（3）采用角色模拟方式研讨商品采购合同的签订过程，认识采购合同的组成框架、内容及主体，并了解商品采购合同的签订过程。

图 3-15　本任务学习资料

任务准备

任务准备 1：了解采购合同

采购合同是采购方和供应商在采购谈判达成一致的基础上，就交易条件、权利义务关系等内容签订的具有法律效力的契约文件，是双方执行采购业务活动的基本依据。

采购合同规定了供需双方在组织商品购销过程中的权利和义务，具有法律效力。

任务准备 2：理解采购合同的特征

采购合同具有以下特征。
（1）采购合同是转移标的物所有权或经营权的合同。
（2）采购合同标的物是指工业品生产资料或服务。
（3）货物采购合同的主体比较广泛。
（4）货物采购过程与物品流通过程密切联系。

任务准备 3：了解采购合同的效用

采购合同具有以下效用。
（1）可确立买卖双方应履行的事项。
（2）可作为解决买卖纠纷的依据。
（3）可作为法律诉讼的书面证据。
（4）确定价格和结算方式。
（5）确定交货期限、地点和运送方式。

（6）确定验收方法。

（7）确定违约责任。

（8）确定采购合同的变更和接触条件。

任务准备 4：认识采购合同的主体框架

采购合同的主体框架如图 3-16 所示。

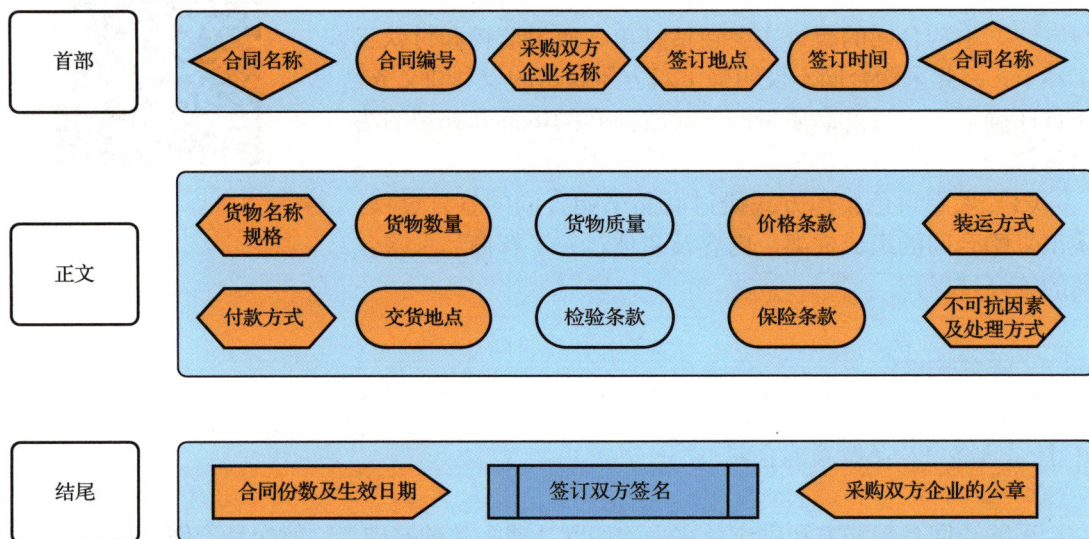

图 3-16 采购合同主体框架

任务执行

步骤 1：建立联系，进行洽谈

供货方代表：由教师或助教（或者教师指定人选）担任。

采购方代表：由各小组担当。

要求采购方主动与供货方联系，进行商务洽谈并了解相关情况。

步骤 2：拟定采购合同

以下是采购合同的模板。

购货单位：　　　　　　　　　　（以下简称甲方）

供货单位：　　　　　　　　　　（以下简称乙方）

签订日期：　年　月　日

签订地点：

为了增强甲、乙双方的责任，加强经济核算，提高经济效益，保护甲乙双方合法权益，明确甲乙双方的权利和义务，根据《中华人民共和国合同法》及有关法律规定，经甲乙双方充分友好协商，特签订本合同，以共同遵守。

第一条　标的名称、规格、数量、单价及交付时间

序　号	名　称	型号尺寸 (mm×mm)	外观颜色	单价 （元/㎡）	数量 （㎡）	金额 （元）	备　注
总额（大写）							含配件、含税、含运费

以上报价含增值税，含运费，不含卸车费。数量为暂定量，结算时以实际订单数量为准。

具体交付时间按照甲方需求另行约定，原则上甲方须给予乙方不低于7天的运输期。

第二条　产品的质量标准

按甲乙双方在合同中商定的技术条件、样品或补充的技术要求执行。

第三条　产品的包装标准和包装物的供应与回收

甲方向乙方定制的产品，乙方按照甲方订单生产、配送，非产品本身明显质量问题不得退货；产品外包装为彩条包装布。产品包装物不回收。

第四条　产品的交货单位、交货方式、运输方式、到货地点

1. 产品的交货单位：_____　交货联系人：_____　联系电话：_____。

2. 交货方式：由乙方采取货车运输方式安排送货到甲方指定的施工地点，原则上距离不得超过距乙方公司所在地400千米（超出距离需另行按照6元/千米的单价补偿乙方运费），货物送达后，甲方安排专人接收并负责现场卸货人员的费用。

3. 到货地点：_____　收货联系人：_____　联系电话：_____。

第五条　产品的交（提）货期限及时间

产品按照甲方要求分批发货。甲方订单下达至乙方后，应依照合同约定向甲方支付预付款（定金），自乙方收到甲方定金后，即安排生产任务，并按照甲乙双方约定的具体时间发出第一批货（不含货运周期7天），后续分批发货具体时间依照合同约定。

第六条　货款的支付方式

1. 产品货款的结算：双方签订本合同后5日内，甲方即向乙方支付第一批订单总额的40%作为采购定金。乙方收到定金后即安排生产任务。

2. 乙方采用整车配送方式，发货前甲方向乙方支付第一车（批）次货款的30%；乙方在收到该车（批）次货款后2日内发货。发货后7日内到达指定地点，同时，乙方开具发票并随货送达甲方。

3. 甲方收到发票后一个月内结清第一批货物余款的30%，如果在第一批余款未结清期间下达新的订单，则应先行支付第一批货物余款的30%及新订单40%的采购定金后，乙方方可接受订单并安排生产。

4. 后续若甲方下达订单到乙方，则货款的结算方式参照上述约定；甲方下达乙方的订单作为合同附件，具备同等法律效力。

5. 产品所有权：甲方在付清款项后产品的所有权归甲方；甲方在未付清产品款项（包括违约金、赔偿金）前，其产品所有权归乙方，并由乙方处置。

6. 双方约定甲方支付乙方货款时采用银行转账方式。

第七条　验收方法

货物到达甲方指定地点交货时，甲方安排人员进行验收，具体要求如下。

1. 产品的品类型号、规格及颜色与确认的样品一致。

2. 产品花色：因确认的样品与供货的产品不在生产的同批次，在花色上可能有细小的区别，产品因经过压纹、抛光会产生负公差（负公差值在2mm以内）。

3. 产品在使用过程中会有一个收缩率值，允许范围为1‰～1.5‰。

第八条　乙方的违约责任

1. 乙方所交产品品种、型号、规格、花色、质量不符合合同规定，差别较大的，乙方应允许甲方无条件退货，并承担相应的运输费用。

2. 乙方因产品包装不符合合同规定，必须返修或重新包装的，乙方应负责返修或重新包装，并承担相应的费用。甲方不要求返修或重新包装而要求赔偿损失的，乙方应偿付甲方该不合格包装物低于合格包装物的价值部分。因包装不符合规定造成货物损坏或丢失的，乙方应承担损坏或丢失部分的补货责任，补货费用由乙方承担。

3. 乙方逾期交货的，每逾期一日，应按照该批次货款总额的1‰向甲方支付逾期交货违约金，并赔偿甲方该批次货物总值两倍的违约损失。

第九条　甲方的违约责任

1. 如甲方未按照合同约定逾期付款，每逾期一日，应按该批次应付货款总额的1‰向乙方支付逾期付款违约金，并赔偿乙方该批次货物总值两倍的违约损失，同时乙方有权停止供货，供货时间相应顺延。

2. 乙方按照合同约定及甲方要求将货物送达指定地点后，甲方安排的人员在卸货过程中造成货物损坏时，造成的损失由甲方承担，如需补货，则甲方应支付相应的补货费用。

第十条　产品整体验收

1. 甲方安装完成后，如因产品颜色变化及产品变形、开裂等原因造成验收不合格（注：除甲方自身的原因，如因安装时损坏或保护成品不到位造成的划伤等原因外）造成甲方重新更换的费用由乙方承担。

2. 保修期质量保证：甲乙双方另行签订质保说明，约定双方相关权益。

第十一条　不可抗力

甲乙双方的任何一方由于不可抗力的原因不能履行合同时，应及时向对方通报不能履行或不能完全履行的理由，在取得有关主管机关证明后，允许延期履行、部分履行或不履行合同，并根据情况可部分或全部免予承担违约责任。

第十二条　其他约定

1. 按本合同规定应该偿付的违约金、赔偿金和各种经济损失，应当在甲乙双方明确责任后的一个月内付清，任何一方在未得到对方认可的情况下不得自行扣发货物或扣付货款来充抵。

2. 如果甲方增加采购量或采购项目，则应另行与乙方签订补充协议，并与乙方另行协商付款时间、交货时间、地点等事宜，在双方未达成补充协议之前，乙方仍按本合同约定供货。

3. 解决合同纠纷的方式：凡因履行本合同所发生的或与本合同有关的一切争议，甲乙双方应通过友好协商解决；如果协商不能解决，则可向甲乙双方任何一方所在地的法院提起诉讼，诉讼费用和胜诉方的律师费用应由败诉方承担。

4. 本合同如有未尽事宜，双方可签订补充协议，补充协议与本合同具有同等法律效力。

5. 本合同正本一式两份，甲乙双方各执一份，自甲乙双方签字并盖章之日起生效，具有同等法律效力。

购货单位（甲方）：　　　　　　　供货单位（乙方）：
法定代表人：　　　　　　　　　　法定代表人：
委托代理人：　　　　　　　　　　委托代理人：
地　　址：　　　　　　　　　　　地　　址：
电　　话：　　　　　　　　　　　电　　话：
合同签订日期：　　　　　　　　　合同签订日期：

步骤 3. 完成采购合同

以小组为单位，推荐一名学生分享整个流程的合同签订过程和达成的结果。

任务评价

在完成上述任务后，教师组织学生进行三方评价，并对任务执行情况进行点评。学生完成如表 3-10 所示的任务评价表的填写。

表 3-10　"签订采购合同"任务评价表

项　目　组		成　　员				
评价标准	评价项目	分　值	自我评价（20%）	他组评价（30%）	教师评价（50%）	合　计（100%）
	签订合同流程是否正确	50				
	分享讲解详细流畅	50				
合　　计		100				

思政课堂

请扫一扫图 3-17 中的二维码，进行项目三思政课堂的学习。

图 3-17　项目三思政课堂

课后习题

请扫一扫图 3-18 中的二维码，进行项目三课后习题的练习。

图 3-18　项目三课后习题

项目四
体验移动电商仓储管理

本项目分为四个任务，亲爱的同学们，现在让我们通过学习任务，体验在电商时代如何进行仓储管理吧！

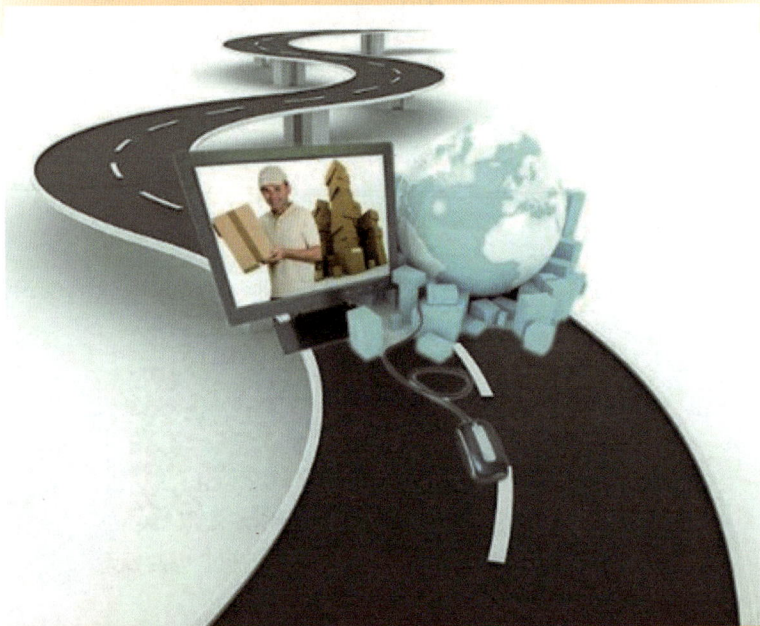

　　智能仓储是一种仓储管理理念，是通过信息化、物联网和机电一体化共同实现的智慧物流，从而降低仓储成本、提高运营效率、提升仓储管理能力。

　　智能仓储是物流过程的一个环节，智能仓储的应用，保证了货物仓库管理各个环节数据输入的速度和准确性，确保企业及时准确地掌握库存的真实数据，合理保持和控制企业库存。利用 WMS 系统的管理功能，更可以及时掌握所有库存货物当前所在位置，有利于提高仓库管理的工作效率。RFID 智能仓储解决方案，还配有 RFID 通道机、查询机、读取器等诸多硬件设备可选。智能仓储一般的作业流程包括入库、在库和出库三部分，移动智能仓储作业流程如图 4-1 所示。

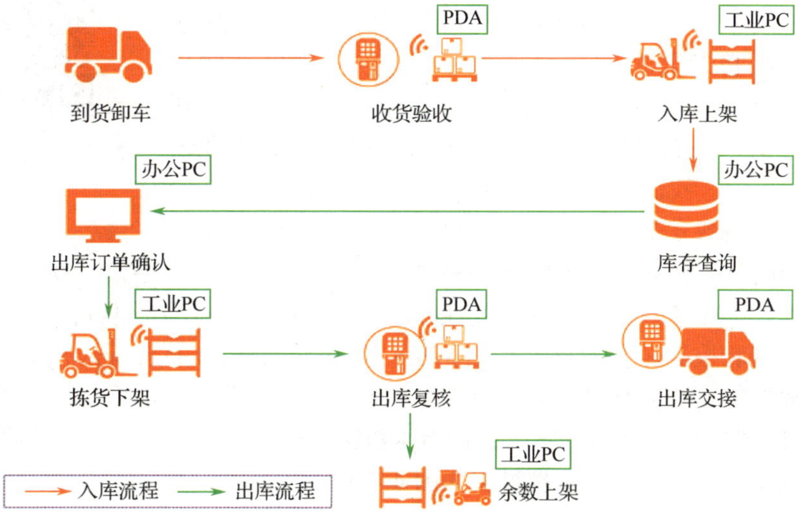

图 4-1　移动智能仓储作业流程

　　下面将根据电商物流仓储管理的环节进行分类学习。

任务一　体验商品入库管理

任务展示

　　近年来，中国电商持续快速增长，规模和质量效益都位居世界前列，已成为驱动全球电商发展的新动力。电商时代，客户对物流配送时效的要求日益多样化和柔性化，这进一步促使了物流仓储业向智能化、信息化转型。众所周知，智能仓储是一种仓储管理理念，是通过信息化、物联网和机电一体化共同实现的智慧物流，从而降低仓储成本、提高运营效率、提升仓储管理能力。下面让我们开启本模块的学习任务吧！

图4-2　本任务学习资料

　　（1）请扫一扫图4-2中的二维码，预习本任务的学习资料。

　　（2）对于电商企业来说，智能仓储是物流过程的一个环节。智能仓储的应用，保证了货物仓库管理各个环节数据输入的速度性和准确性，确保企业及时准确地掌握库存的真实数据，合理保持和控制企业库存。利用WMS（Warehouse Management System，仓库管理系统）的管理功能，可以及时掌握所有库存货物当前所在位置，有利于提高仓库管理的工作效率。RFID智能仓储解决方案，还配有RFID通道机、查询机、读取器等诸多硬件设备可选。一般而言，智能仓储管理过程如图4-3所示。

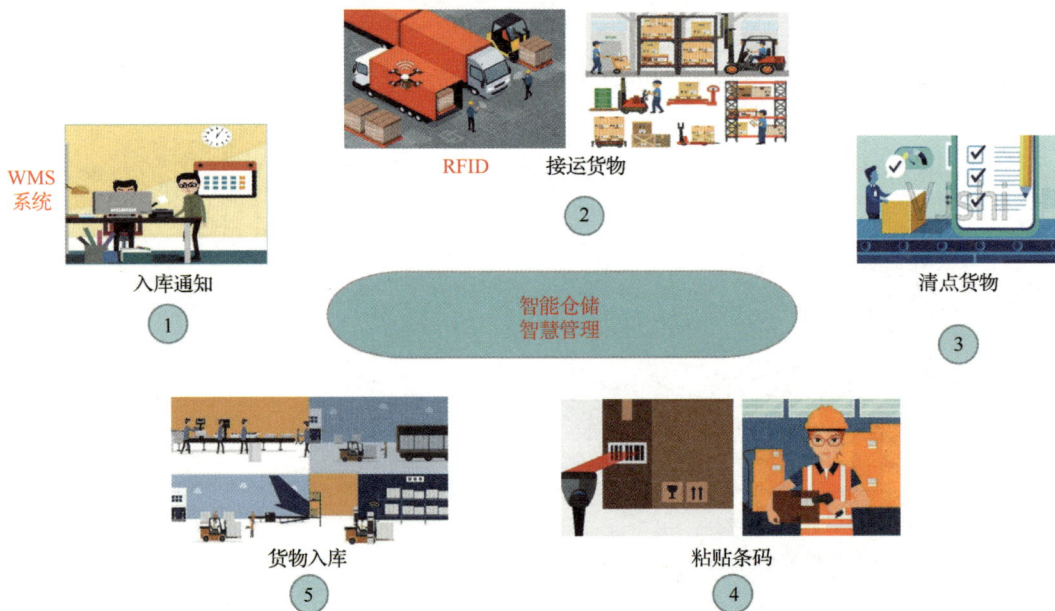

WMS系统

RFID　接运货物 ②

入库通知 ①

智能仓储智慧管理

清点货物 ③

货物入库 ⑤

粘贴条码 ④

图4-3　智能仓储管理过程

任务培训

任务准备 1：了解如何发送入库通知单

商品入库的一般流程主要有入库准备→接运货物→清点货物→粘贴条码→货物入库等。其中，准备工作是仓储管理的重要环节，是进行仓储风险管理的重要工序。概括来讲，入库前的准备工作主要包括三大项种，即储位准备、员工准备及设备准备。具体而言，在企业仓储管理中，入库前的第一步工作是发送电子版"入库通知单"（Advanced Shipping Note，ASN，见图 4-4），通知对方仓管人员即将入库的商品信息及入库时间，仓管人员根据入库通知单明细准备仓储作业人员、储位计划、装卸搬运人员及设备等工作，入库准备一览表如表 4-1 所示。

入库通知单					
入库任务单编号：R					
名称	规格	材质	毛重（kg）	数量（箱）	备注

图 4-4　入库通知单

表 4-1　入库准备一览表

准 备 事 项	事 项 内 容
准备入库货物品性材料	品种、规格、数量、包装状态、单件体积、到库确切的时间、货物存期、货物的理化特性、保管要求
准备仓库库场使用情况	仓库货位使用情况、机械设备条件、劳动力情况
制订仓储计划	根据入库货物信息及仓库库场情况，制订仓储计划，并将各项具体任务下达到各个相应的作业单位
货位准备	核算货位大小，根据货位使用原则，妥善安排货位
其他准备	苫垫材料准备、验收准备、设备器具准备、文件单证准备等

任务准备 2：了解如何做好入库预约

仓管人员接到入库通知单之后，要做好入库预约工作。预约就是为了平衡仓储上游工作量而设立的，预约的准确程度将对收货和上架生产产生直接的因果关系，预约可以是供应商或者负责的第三方物流公司，预约的凭证之一就是 PO（Purchase Order，入库订单）信息，包含 PO 信息核实、到货及送货时间、收货月台分配、预约产能提报及预警等。预约制度的执行情况和电商仓储业务量波动大小和业务复杂程度成正比，业务量波动较大、业务越复杂，其预约制度越严格和严谨。

入库预约流程一般是先确定仓库，然后是仓区及储位，最后是具体的货区及货架。入库预约一般流程如图 4-5 所示。

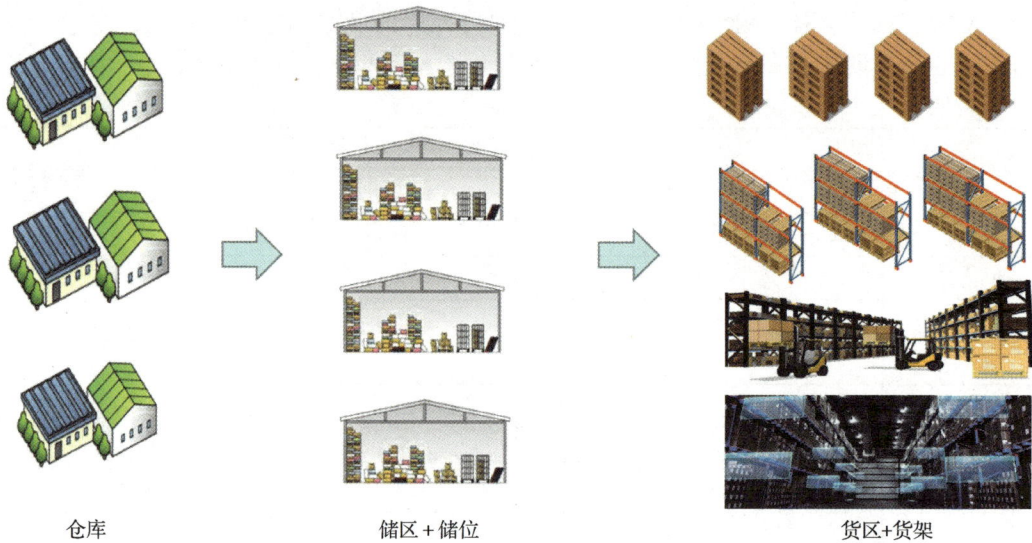

仓库　　　　　　　　　　储区＋储位　　　　　　　　　货区+货架

图 4-5　入库预约一般流程

任务准备 3：了解如何做好收货检验工作

收货检验作业包含商品初检、卸货、数量清点及核实、收货确认、异常处理等，收货作业一览表如表 4-2 所示。

表 4-2　收货作业一览表

作业环节	作业内容
商品初检	包装箱破损程度的检查，核实的基本单位为箱
卸货	为方便入库环节操作，卸货会以 PO 为单位进行装卸，并在相应托盘上标明收货信息
数量清点核实	数量清单及收货确认，核实 PO 预约数量与实际到货情况
收货确认	收货确认，盖章签收
异常处理	对不符合收货要求的商品进行拒收和退货等操作

任务准备 4：了解如何做好入库作业环节

在移动智能仓库管理中，入库准确来说包括 IQC（Incoming Quality Control，来料质量控制）和 WMS 入库扫描。电商仓储 WMS 执行一件一检查、一件一扫描入库等操作，RFID 在 WMS 中扫码入库流程如图 4-6 所示。

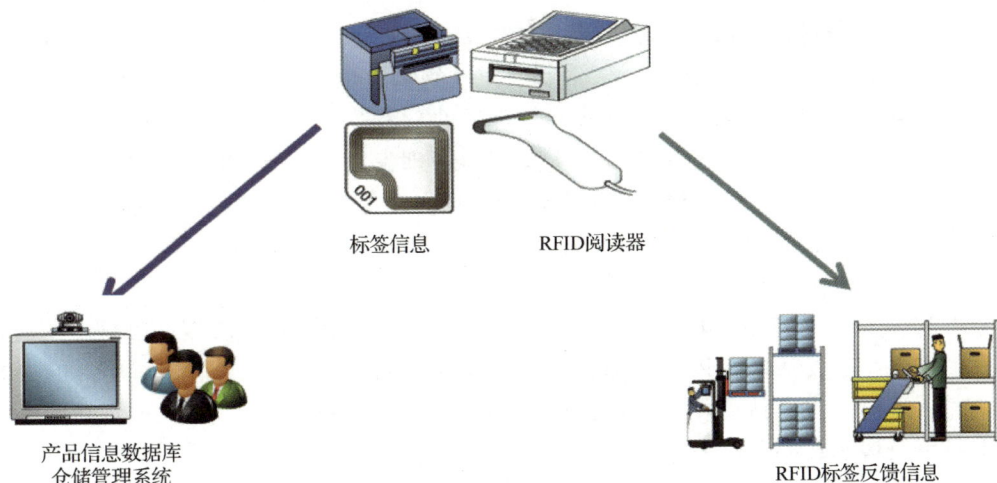

图 4-6　RFID 在 WMS 中扫码入库流程

其中，来货 PO 商品信息核实即核实来货实际商品与系统显示商品是否相符，包括颜色、大小、尺寸、包装类型、有效期等。电商货物入库管理环节如图 4-7 所示。

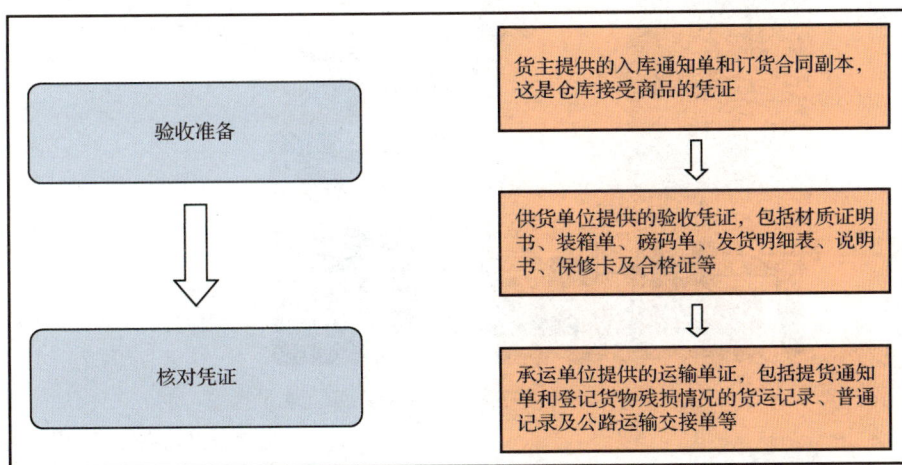

图 4-7　电商货物入库管理环节

收货环节的检查标准和操作准确性对电商企业与供应商结算起到一定影响，供应商与电商企业的送货数量一般是以收货 IQC 扫描数量为准，同时扫描的检查标准也对客户满意度有一定影响，如果一家企业的收货仅核实 SKU（Stock Keeping Unit，库存量单位）正确与否，那么在售卖过程中会有很多因为商品来货不准确导致的客户订单投诉。完成收货扫描后的商品会和固定容器（周转箱）进行绑定。

✎ **任务准备5：了解如何上架在库管理**

　　货架是提高仓储利用率的重要工具。在电商时代，商品种类纷杂多样，为了保证仓储管理的准确性、高效性、快捷性，往往采用先进的物流信息设备，如RF手持终端设备、RFID（无线射频识别技术）、WMS（仓储管理软件）等进行出入库管理。商品在到货验收和质检时都已经贴上了相应的标签，在上架时，管理人员利用RF手持终端设备扫描库位码或商品的条码，把商品和库位绑定，绑定的信息自动上传到WMS中，在拣货、打单时，系统会默认绑定库位，因此利用RF手持终端设备可提高拣选的速度和准确性。RF移动手持终端读写器入库上架示意图如图4-8所示。

　　上架的多少将决定会产生的最大销售订单，上架的质量将直接决定商品售卖情况，上架入库的准备率直接影响大库存准备率。如果上架数量大于入库扫描数量，WMS会提供报警信息，进行再次确认后才可以操作，这类情况属于超PO数量上架。由此可见上架对库存准备率及售卖数据会带来巨大影响。

图4-8　RF移动手持终端读写器入库上架示意图

⚒ **任务执行**

✏ **步骤1：以小组为单位，补充表格**

　　收货作业一览表如表4-3所示，表中列举了电商仓库入库和上架环节的操作步骤，以及在作业工作中遇到的问题，请补充解决方法。

表 4-3　收货作业一览表

作业环节	操作步骤	遇到的问题	解决方法
新品入库	验收 测量尺寸 测量重量 分配条码 打印条码 扫描条码 尺寸、重量信息录入系统	1. 验收环节，需人工反复点数，核对供应是否符合采购要求，拉低入库时效； 2. 卷尺测量货物尺寸，误差大，测量过程易受干扰； 3. 不规则物品尺寸无法测量； 4. 须手动输入繁杂的产品数据； 5. 误差大、无法测量、手动录入，延误条码绑定；影响包装箱选择及出库复核，劳动力资源损耗加重	
货品上架	分配货位 拆箱 货品上架	1. 货位分配无尺寸信息，上架安排无从规划； 2. 货品数量、种类点错，上架完毕货物仍有剩余； 3. 部分工作人员操作不规范，随意堆放	

步骤 2：补充图片资料

电商仓库的布局如图 4-9 所示，请根据对流程的理解补充入库区域。

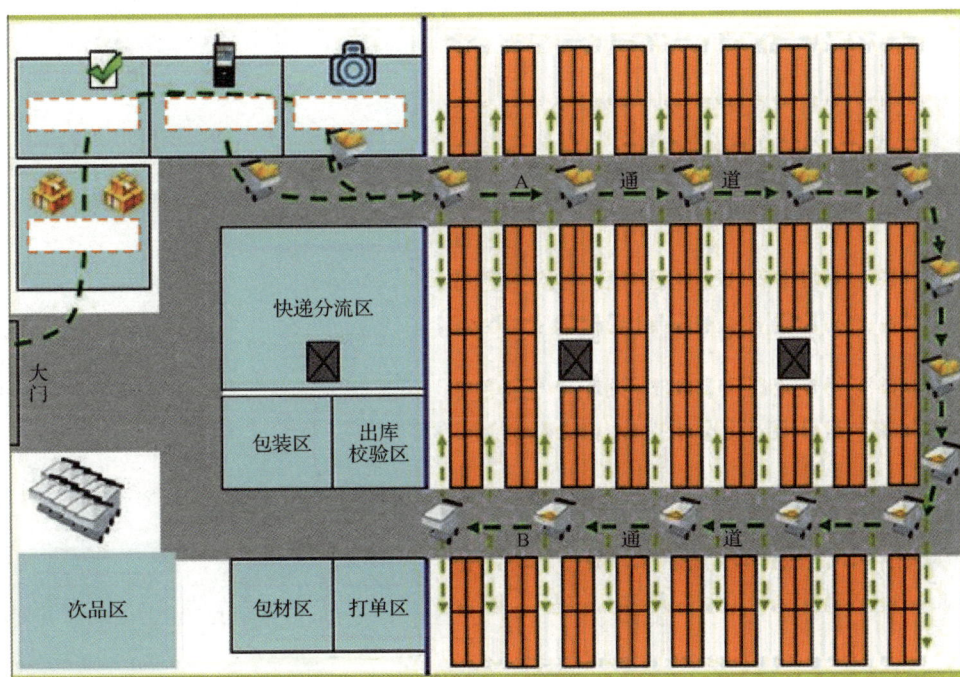

图 4-9　电商仓库的布局

步骤 3：各组委派一名代表上台分享任务执行情况。

各组委派一名代表上台分享任务执行情况，并分享本组任务实施的过程、经验，以及遇到的问题和相应的解决办法。

任务评价

在完成上述任务后，教师组织进行三方评价，并对学生任务执行情况进行点评。学生完成如表4-4所示的任务评价表的填写。

表4-4 "体验商品入库管理"任务评价表

项目组		成员				
评价标准	评价项目	分值	自我评价（20%）	他组评价（30%）	教师评价（50%）	合计（100%）
	收货问题解决方法填写是否正确	40				
	入库区域补充是否正确	25				
	分享讲解详细流畅	35				
合计		100				

任务二　体验商品在库管理

任务展示

（1）请扫一扫图 4-10 中的二维码，预习本任务的学习资料。

（2）对比传统企业仓储通过静态存储以保证经营的持续性需求，电商仓储对于供应链快速流动性的需求更加迫切。对比传统零售，电商销售平台无传统门店空间的限制，为了吸引和满足更多客户，电商销售的 SKU 更全面，如亚马逊和当当网等有几十万、几百万的 SKU。因此电商仓库具有 SKU 量大、批次多、商品规格差异大等特点。电商仓储存在库存周转快、进出库效率高、准确率要求高等特点。电商企业要如何进行在库管理呢？商品在库管理作业任务如图 4-11 所示。

图 4-10　本任务学习资料

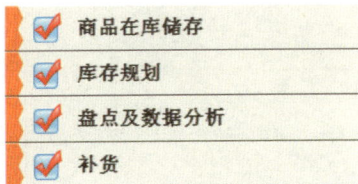

- ☑ 商品在库储存
- ☑ 库存规划
- ☑ 盘点及数据分析
- ☑ 补货

图 4-11　商品在库管理作业任务

任务准备

任务准备 1：了解如何进行商品在库储存

1. 商品分区分类保管

商品分区分类保管方法有五种，一览表如表 4-5 所示。

表 4-5　商品分区分类保管方法一览表

方　　法	适 用 情 况
按物品种类分区分类	大多数仓库
按物品发往地分区分类	中转仓库和待运仓
按物品危险性质分区分类	危险品仓库
按商品价值比重分类	高附加值的货品
按商品出入库频率分类	频次差别明显的货品

2. 货位的选择及编码

为了更好地管理商品，一般都会将仓库分成一个个货位。因此，每次商品入库都会关联一个货位，商品出库时，分拣单上就会关联商品的货位，这样仓库管理人员在配货时，就可以快速、高效地找到商品的位置。

通常，货位每一排分别命名为 A、B、C、D、E、F、G、H 等，结合每一排的命名给每个货架命名为 A01、A02、A03、A04、A05、A06 等，货位分配如图 4-12 所示。

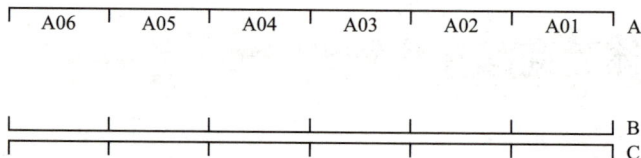

图 4-12　货位分配

例如，A01 货架一共可以分为四层，每一层命名为 A01-1、A01-2、A01-3、A01-4，针对每一个货位命名为 A01-1-01、A01-1-02、A01-1-03、A01-1-04，如图 4-13 所示。

A01

A01-4-01	A01-4-02	A01-4-03	A01-4-04
A01-3-01	A01-3-02	A01-3-03	A01-3-04
A01-2-01	A01-2-02	A01-2-03	A01-2-04
A01-1-01	A01-1-02	A01-1-03	A01-1-04

图 4-13　货位命名

3. 在库商品养护

在库商品发生变质的因素和养护措施如表 4-6 所示。

表 4-6　在库商品发生变质的因素和养护措施

在库商品变质因素	养 护 措 施
霉变	控制温度和湿度
虫蛀	杜绝仓库害虫，采用药物防治
锈蚀	防锈和除锈
人为损耗	严格要求作业人员按照规范操作

任务准备 2：了解如何进行商品库存规划

1. 仓库建设方式

在传统零售中，通常每个实体店都有自己的库存，因此他们都有具体的库存数据。对于在不同平台上的网店而言，也需要库存数据，这个库存数据既是平台的要求，也是防止超卖的管理的要求。

每个网店都有库存数据，但不表示每个网店都需要有自己独立的仓库。因此，需要对不同销售平台上的网店库存进行集中管理，以保证每个网店既不缺货又不超卖。

库存集中管理后，商品要存放在实体仓库中，而实体仓库的建设有两种模式，即集中式和分布式，这两种模式各有优缺点。

目前，新兴的库存方式又称虚拟库存，就是指这些商品在仓库中并没有实际的库存，但在销售平台上显示有库存，这类库存就是虚拟库存。由于在电商中是先有订单后发货，所以从销售成立到商品发出有时间差，这个时间差就可以使虚拟库存在电商的交易中得到非常灵活和普遍的使用。虚拟库存处理流程如图 4-14 所示。

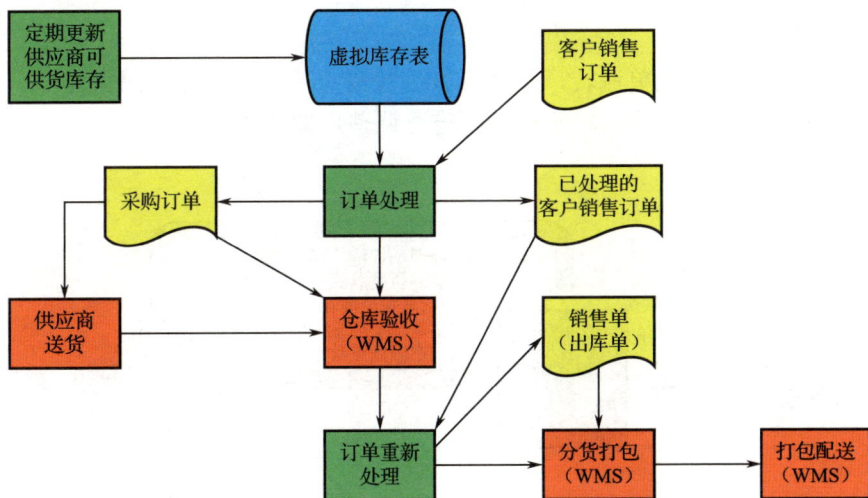

图 4-14　虚拟库存处理流程

2. 库存控制原则

（1）库存数据实时更新。

电商企业应该了解哪个库存点存放了哪些商品，以及每个商品的包装和发货时间需要多久。当库存数据更新后，并能实时获取时，电商企业就更容易做出明智的决策。

（2）了解库存周期。

库存周期是指单位库存售出所需时间，是衡量商品销售是否健康的一项基本指标。当电商企业对所有商品的库存周期有一个清晰的认识时，就能做出明智的采购决策。

（3）了解行业基准。

如果销售的商品是保健、美容、奢侈品、服装或家居用品，那么电商企业就要将自己的库存管理指标与行业指标做对比。如果库存指标由于缺乏竞争力而下降，就要重新规划库存。

任务准备 3：了解如何进行盘点和数据分析

1. 盘点方式

盘点是指对仓库内的实物库存数量进行全部或部分清点，以确实掌握该期间内库存的状况，并据此加以改善库存，加强库存管理。

盘点后，如果出现实际库存数据和理论库存数据不一致的情况，就需要自动生成盘盈入库单和盘亏出库单来调整库存数量。电商企业中常见盘点方式如图 4-15 所示。

图 4-15　常见盘点方式

2. 盘点流程

盘点流程主要围绕盘点单流转，从业务方创建盘点单开始到盘点录入完成，系统自动生成盘盈入库单和盘亏出库单，以便对库存进行调整，如图 4-16 所示。

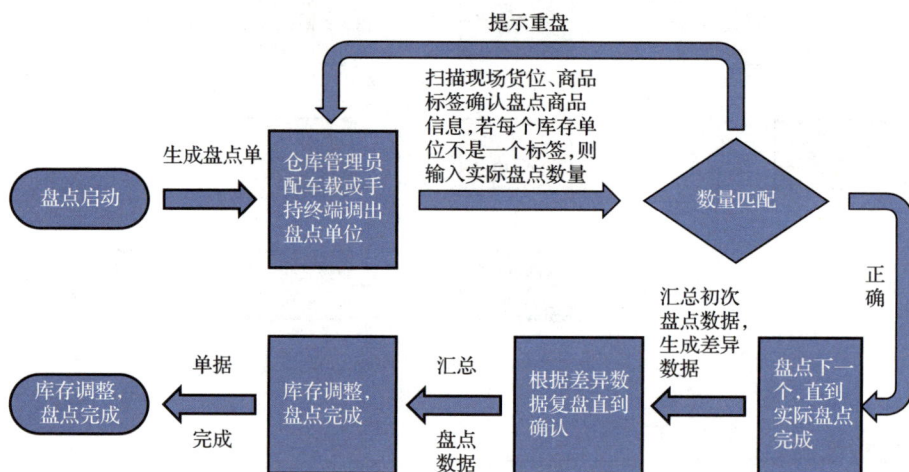

图 4-16　盘点流程

移动媒体下，库存盘点方式是采用 RF 手持读写器扫描货架条码、商品条码进行高效盘点，移动媒体下仓库货物盘点示意图如图 4-17 所示。

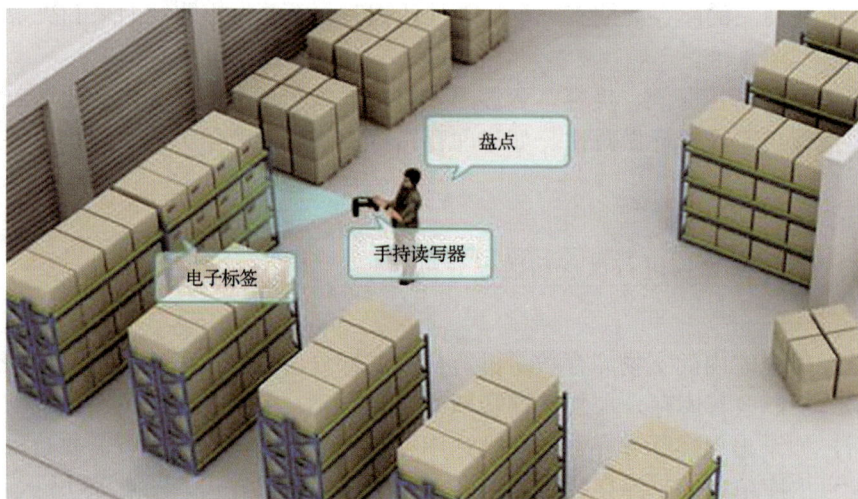

图 4-17　移动媒体下仓库货物盘点示意图

任务准备 4：了解何时补货

通过历史数据预估未来的每日销量。历史数据中销量的异常值越少，预测值也就越准确。

需要开始操作补货的关键点库存水平称为订货点，也就是说，当库存到达订货点时，就需要发出补货指令。从发出补货指令到商品真正入库并能进行发货操作之间的时长称为补货时长。补货时长通常根据电商企业自身的订货能力、运力、货源供给方的生产能力及货源的紧俏程度决定。在补货时长内，仓库内库存数据依旧是按照日均销量在下降，因此在销量下降为临界点前的库存消耗为"补货时长×日均销量"。通常，为了防止意外情况发生，临界点不会设置为零，而是由缺货概率决定安全库存。缺货概率越低，需要的安全库存就越高。订货点库存为"安全库存 + 补货时长×日均销量"，如图 4-18 所示。

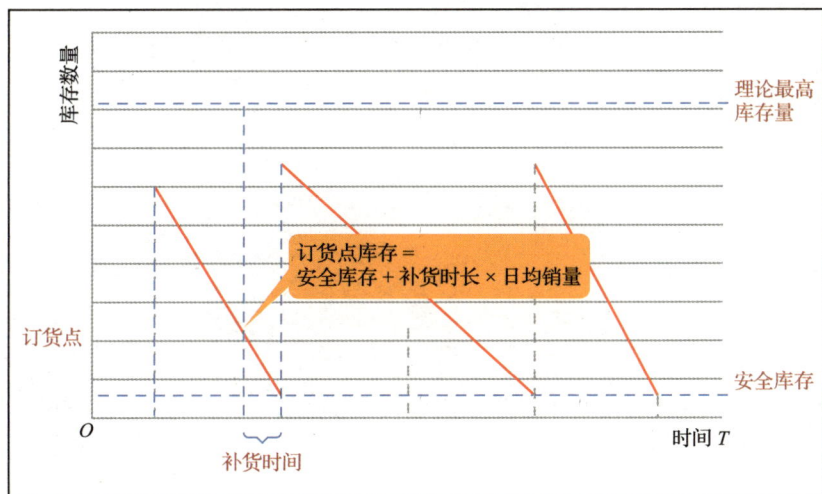

图 4-18 订货点库存

任务执行

步骤 1：以小组为单位计算订货点库存

某电商企业的 A 商品日均销量为 150 个，该商品从下达订单到订单商品入库需要 2 天。
（1）假设不需要安全库存，请问 A 商品的订货点库存为多少？
（2）为了保证不时之需，安全库存设定为 75 个，请问 A 商品的订货点库存为多少？

步骤 2：各组委派一名代表上台分享任务执行情况

各组委派一名代表上台分享任务执行情况，并分享本组任务实施的过程、经验，以及遇到的问题和相应的解决办法。

任务评价

在完成上述任务后，教师组织学生进行三方评价，并对任务执行情况进行点评。学生完成如表 4-7 所示的任务评价表的填写。

表 4-7 "体验商品在库管理"任务评价表

项 目 组		成 员				
评价标准	评价项目	分 值	自我评价（20%）	他组评价（30%）	教师评价（50%）	合 计（100%）
	能否正确计算订货点库存	50				
	分享讲解详细流畅	50				
合 计		100				

任务三　体验商品出库管理

任务展示

（1）请扫一扫图 4-19 中的二维码，预习本任务的学习资料。

（2）每个仓库的出库订单的特点不同，订单的类型也是多样化的，其出货的规格不同，单品数量不同，品项的数量也不同，这些不同就需要仓库管理者对其采用不同的管理方式及不同的工具，才能对订单上的商品顺利并高效地完成拣选。电商企业要如何进行出库管理呢？商品出库管理的内容如图 4-20 所示。

图 4-19　本任务学习资料

图 4-20　商品出库管理的内容

任务准备

任务准备 1：理解什么是波次管理

为提高作业效率，电商企业将一批待出库的订单按照某种标准或规则汇总在一起出库称为波次管理，将同一批订单汇总起来的单据称为波次订单。波次管理流程如图 4-21 所示。

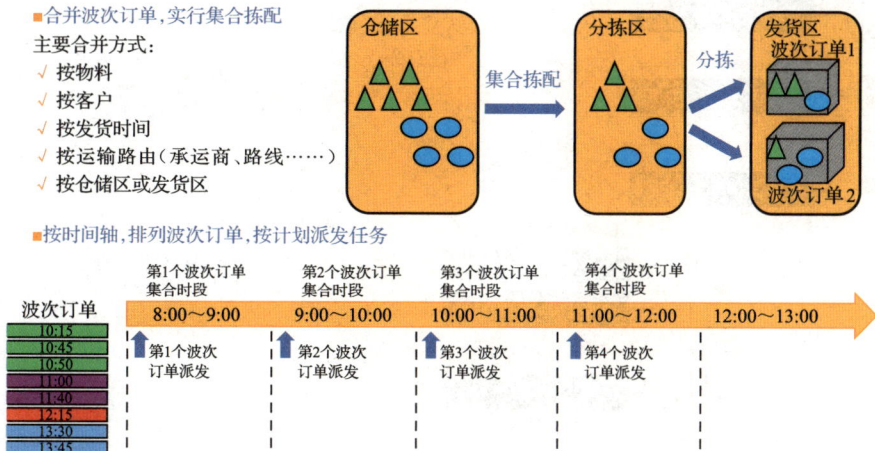

图 4-21　波次管理流程

任务准备 2：了解如何进行拣货区决策

电商仓库每天都会收到很多客户的发货请求，为了优化出库效率，可以把拣货任务按区域进行分组。虚拟库存处理流程如图 4-22 所示。

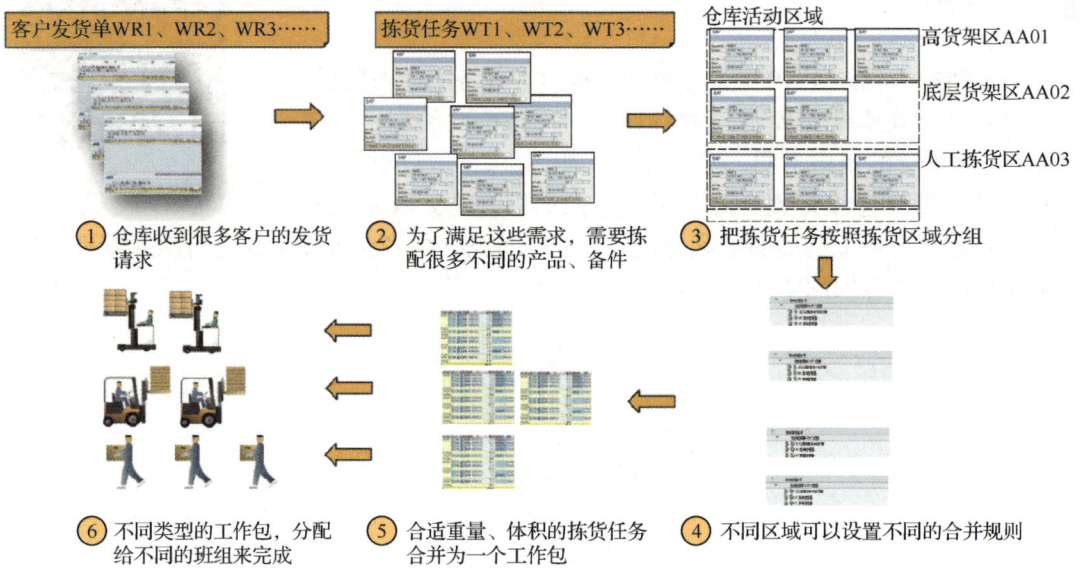

图 4-22　虚拟库存处理流程

任务准备 3：了解如何分派仓库工单和任务

电商仓库出库订单量比较多，可以把仓库工单进行组合，转化为基本任务后再分配给现场工作人员，以指导他们处理货物。制定仓库工单的流程如图 4-23 所示。按照仓库工单分配任务的流程如图 4-24 所示。

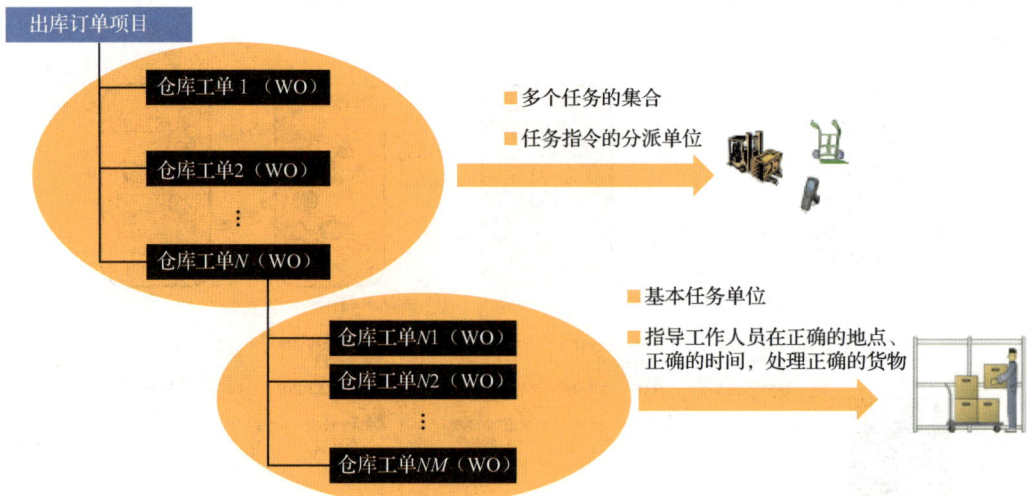

图 4-23　制定仓库工单的流程

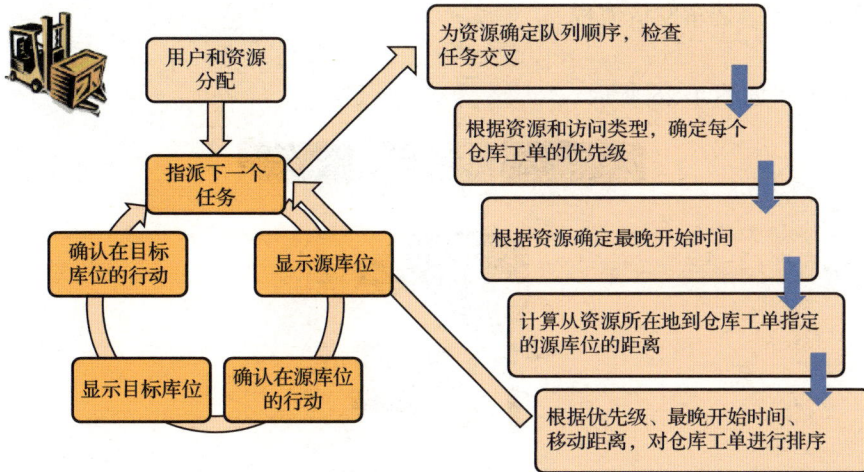

图 4-24　按照仓库工单分配任务的流程

任务准备 4：拣货包装

自动拣货包装作业如图 4-25 所示。

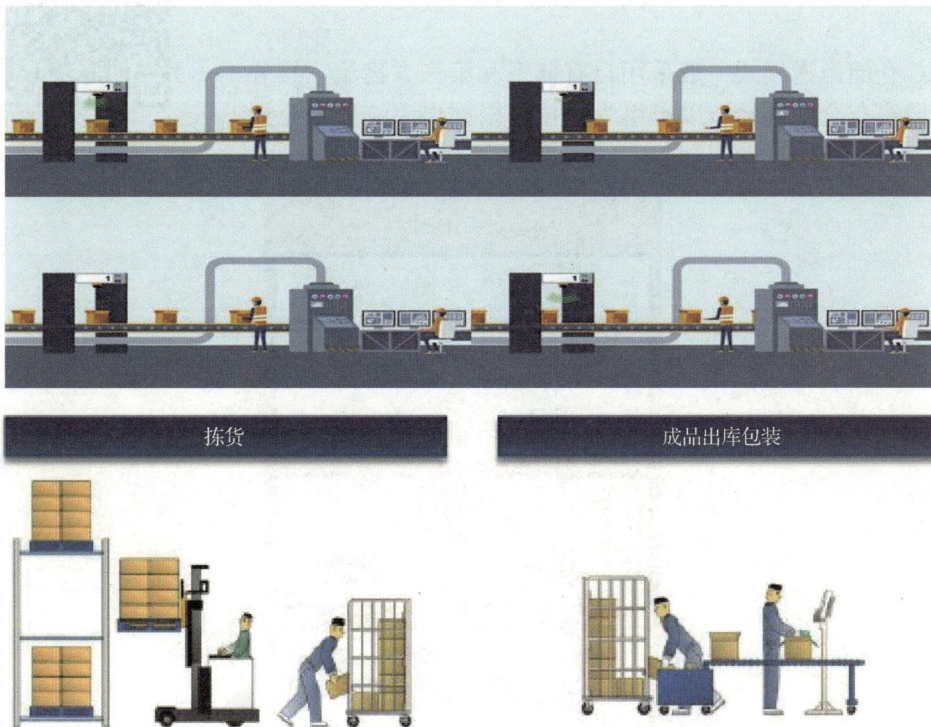

图 4-25　拣货包装

✏ **任务准备 5：了解装车发货流程**

装车发货流程如图 4-26 所示。

图 4-26　装车发货流程

🔧 **任务执行**

✏ **步骤 1：根据出库流程，补充 B2C 仓储区域**

请扫一扫图 4-27 中的二维码，观看电商物流出库方式的视频讲解。

B2C 仓储配送模式一般采用自有体系和第三方物流，其分配的区域遍布全国各地，以小组为单位，根据出库流程补充如图 4-28 所示的 B2C 仓储区域。

图 4-27　电商物流出库方式

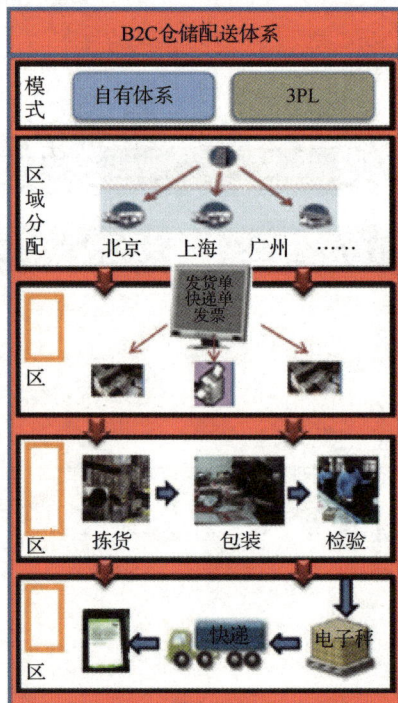

图 4-28　B2C 仓储区域

步骤2：填写出库流程注意事项

B2C的出库流程包括打印订单、订单分拣、订单配货、商品验货核对、商品打包称重和提货取件等环节，以小组为单位，补充如表4-8所示的B2C出库流程中每个环节的注意事项。

表4-8　B2C出库流程中每个环节的注意事项

B2C 出库流程	注 意 事 项
打印订单	
订单分拣	
订单配货	
商品验货核对	
商品打包称重	
提货取件	

步骤3：各组委派一名代表上台分享任务执行情况

各组委派一名代表上台分享任务执行情况，并分享本组任务实施的过程、经验，以及遇到的问题和相应的解决办法。

任务评价

在完成上述任务后，教师组织学生进行三方评价，并对任务执行情况进行点评。学生完成如表4-9所示的任务评价表的填写。

表4-9　"体验商品出库管理"任务评价表

项 目 组		成　员				
评价标准	评价项目	分　值	自我评价（20%）	他组评价（30%）	教师评价（50%）	合　计（100%）
	B2C 仓储区域的填写是否正确	30				
	正确理解 B2C 出库流程中每个环节的注意事项	30				
	分享讲解详细流畅	40				
合　计		100				

任务四　体验退换货管理

任务展示

（1）请扫一扫图 4-29 中的二维码，预习本任务的学习资料。

（2）电商销售订单的爆发式增长为电商企业带来了大量的
退货订单。电商企业与客户在退换货活动中的每次交互都是影
响购物体验的重要因素。加强退换货管理，改进和完善退换流程，
实现快速响应，不仅可以提高客户满意度，而且还能使电商企业在竞争中取得优势，建立
稳定的客户群。请思考电商企业在仓库管理过程中如何解决客户退换货的问题。

图 4-29　本任务学习资料

任务准备

任务准备 1：了解退换的商品存放在什么区域

退换的商品不一定都是出现了质量问题，对部分还能够重新销售的商品需要重新入库，
所以存放退换的商品的区域要靠近收货区域。如图 4-30 所示的仓库区域布局可以使客户
退换的商品得到快速、有序的处理，使信息流和货流顺畅。

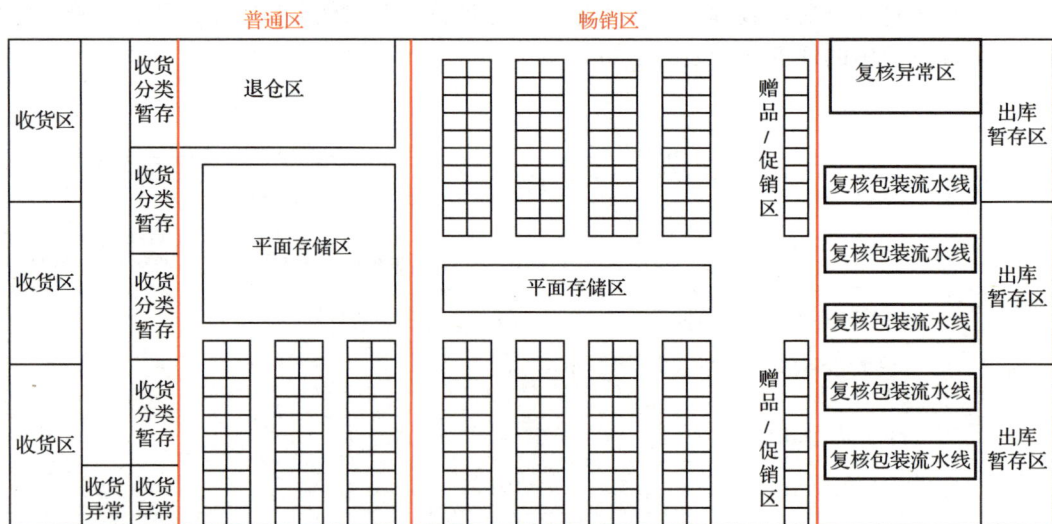

图 4-30　仓库区域布局

任务准备 2：退换商品的类型

1. 自退件

自退件是指客户因质量问题而退回的商品。

2. 在途退件

在途退件是指因快递公司未曾妥投而退回的商品。

3. 拒收件

拒收件是指因客户拒收而退回的商品。

✎ 任务准备 3：了解退换商品要由仓库的哪些部门负责处理

退换商品的处理主要由客服部门、仓库部门、采购部门和财务部门负责，每个部门的职责如表 4-10 所示。

表 4-10　退换商品主要处理部门的职责

处 理 部 门	职 责 说 明
客服部门	负责客户退换商品的受理、处理过程的跟进
仓库部门	负责退换商品数量的清点、质量问题的判定、处理方法的选择、处理后商品的发运，以及退库、出库、调库等手续的办理
采购部门	负责质量问题商品的退换工作的落实
财务部门	负责处理退款

✎ 任务准备 4：了解如何处理自退件

处理自退件的流程如下。

（1）客服部门确认客户自退件商品。

（2）客服部门每日更新退货记录表，并发给仓库管理人员和采购人员，如表 4-11 所示。

表 4-11　产品退货记录

产 品 名 称	退 货 时 间	数　　量	批　　次	退 货 单 位	退 货 原 因	负　责　人

（3）物流部门跟单员与快递员交接签名完成后，在退件表刷红记录。

（4）仓库管理人员进行拆包并标注客户名称。

（5）将商品移至"待处理区"，仓库管理人员检验并记账。

（6）质检人员依检验标准进行二次检验，并将退货质量检查表中的检验内容反馈给客服部门。

（7）质检人员为不良商品标注不良因素。

（8）等待客服部门下达换货单后，物流部门将良品寄回客户，客服部门通知客户承担双程运费。

（9）不良品入不良区，财务部门登记进出记录。

（10）仓库管理人员定期督促采购部门人员安排不良品退厂，并开具退厂单，注意账目上的扣减。

任务准备 5：了解如何处理在途退件

处理在途退件的流程如下。

（1）接到在途退件的信息。仓库跟单员收到快递员返回的商品后，根据客户资料立即补发。

（2）接到异地在途退件的信息。仓库跟单员先行安排补发商品。商品退回后，到对接员处换回新的快递单，废弃旧的快递单。

任务准备 6：了解如何处理拒收件

处理拒收件的流程如下。

（1）仓库跟单员与快递员交接完成后，在用户拒收件表中刷红记录。

（2）仓库跟单员进行拆包并标注客户名称。

（3）将商品移至"待处理区"，仓库跟单员做一次检验并记账。

（4）质检人员依据检验标准进行二次检验。

（5）质检人员为不良品标注不良因素。

（6）良品入小库。

（7）不良品入不良区。

（8）登记进出记录。

（9）仓库跟单员定期督促采购人员安排不良品退厂，并开具退厂单，同时注意账目上的扣减。

任务执行

步骤 1：补充自退件处理流程

以小组为单位补充如图 4-31 所示的自退件处理流程。

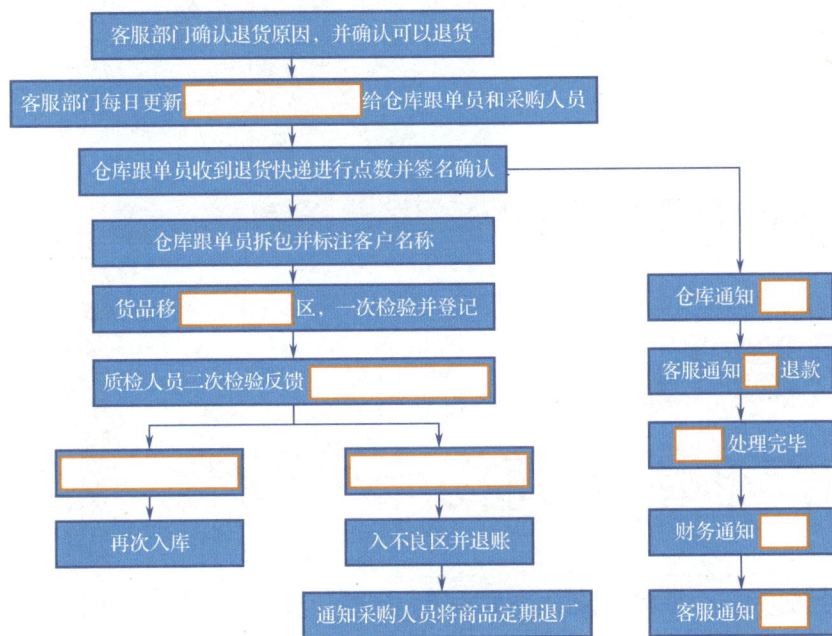

图 4-31　自退件处理流程

步骤 2：各组委派一名代表上台分享任务执行情况

各组委派一名代表上台分享任务执行情况，并分享本组任务实施的过程、经验，以及遇到的问题和相应的解决办法。

任务评价

在完成上述任务后，教师组织学生进行三方评价，并对任务执行情况进行点评。学生完成如表 4-12 所示的任务评价表的填写。

表 4-12　"体验退换货管理"任务评价表

项目组		成员				
评价标准	评价项目	分值	自我评价（20%）	他组评价（30%）	教师评价（50%）	合计（100%）
	能够正确理解退换货流程	50				
	自退件处理流程填写准确	50				
合计		100				

思政课堂

请扫一扫图 4-32 中的二维码，进行项目四思政课堂的学习。

图 4-32　项目四思政课堂

课后习题

请扫一扫图 4-33 中的二维码，进行项目四课后习题的练习。

图 4-33　项目四课后习题

项目五

制作移动电商物流模板

本项目分为五个任务，亲爱的同学们，现在让我们通过学习任务，来一起制作电商物流模板吧！

任务一　认识物流模板

◈ 任务展示

（1）请扫一扫图 5-1 中的二维码，预习本任务的学习资料。

（2）佛山市某中职学校物流专业的小明同学即将毕业，小明打算毕业后自己兼职开一家网店，因为小明在学校不仅学习了物流知识，而且还学习了电商知识，所以他想尝试创业。于是小明就着手创业的准备了，既然要在网上开店，那么制作物流模板无疑是一个很重要的环节。本任务将以淘宝网为例，介绍物流模板有哪些功能。

图 5-1　本任务学习资料

◈ 任务准备

✎ 任务准备 1：了解什么是发货模块

（1）等待发货的订单。等待发货的订单是指买家付款后，需要卖家发货的物流订单。通过输入订单编号、买家昵称等信息可以查询及显示所有未发货的订单、被取消的订单，从而可以保证及时、准确地发货。

未发货订单及被取消订单的查询界面分别如图 5-2 和图 5-3 所示。

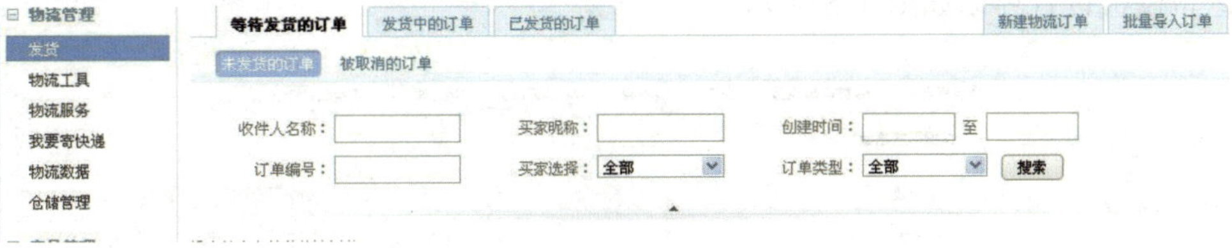

图 5-2　未发货订单查询界面

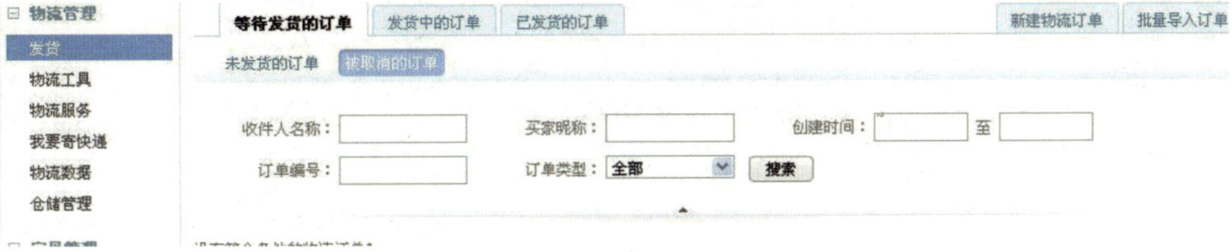

图 5-3　被取消订单查询界面

（2）发货中的订单。发货中的订单是指卖家已经选择通过在线下单的方式将物流订单发送给平台推荐的物流公司，但该物流订单还未补充运单号的订单。此时，卖家需要做的就是补充物流运单号后确认发货，确认发货后，交易的状态就变为"卖家已发货"了。

✏ **任务准备 2：了解物流工具**

（1）服务商设置。服务商设置是指物流服务商的选择与设置。物流服务商是指发货或退货时要用到的物流公司。设置服务商的目的是根据不同物流公司的优缺点进行比较，以便选择一个好的物流服务商，这样做有利于网店发展。服务商设置界面如图5-4所示。

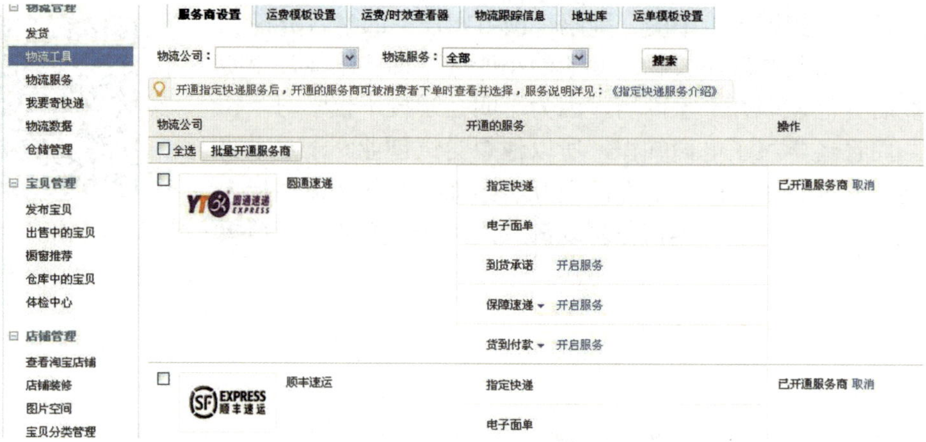

图5-4　服务商设置界面

（2）运费模板设置。运费模板是指根据商品自发货地到目的地之间的距离以计算运费的模板设置。淘宝运费模板的作用就是在买家购物时，淘宝系统会根据已设置的运费模板自动计算该商品的运费，而不用买家向卖家询问，以节约买卖双方的时间。当需要修改运费时，关联商品的运费将一起被修改。

运费模板设置界面如图5-5所示。

图5-5　运费模板设置界面

（3）运费/时效查看器。利用运费/时效查看器可以查询快递运费，而不用担心物流公司胡乱报价。

运费/时效查看器界面如图5-6所示。

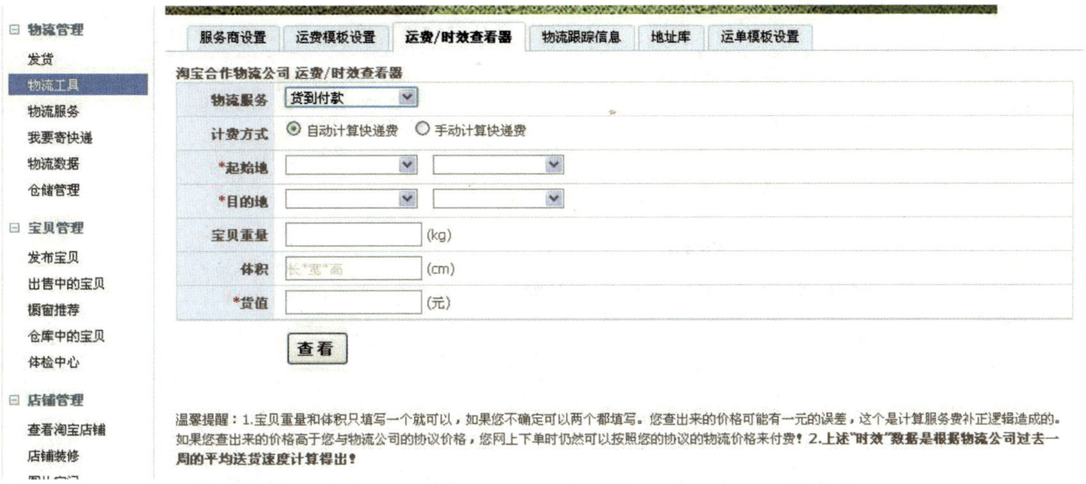

图 5-6 运费/时效查看器界面

（4）物流跟踪信息。利用物流跟踪信息，买卖双方可以及时查看物流信息，以便及时跟踪物流。

物流跟踪信息界面如图5-7所示。

图 5-7 物流跟踪信息界面

（5）地址库。利用地址库可以保存发货和退货地址，最多可添加20条地址。

地址库界面如图5-8所示。

（6）运单模板设置：运单模板设置用于自定义各个物流公司的运单模板。

运单模板设置界面如图5-9所示。

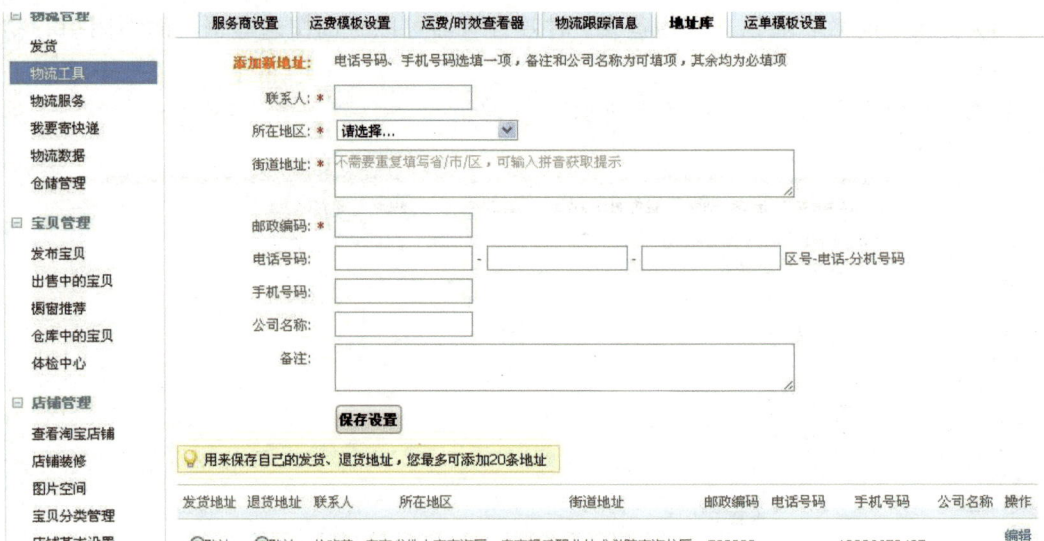

图 5-8　地址库界面

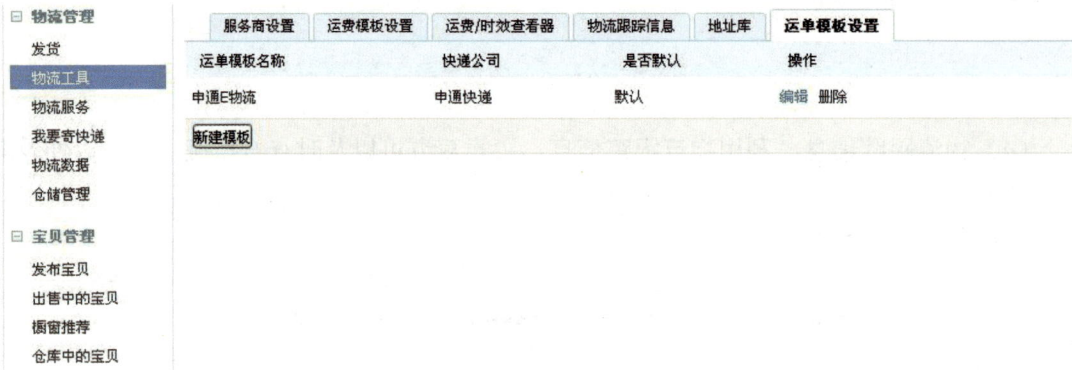

图 5-9　运单模板设置界面

🖊 任务准备 3：了解物流服务

物流服务是指按照商品需要、卖家需要，选择订购相应的物流服务。
物流服务界面如图 5-10 所示。

🖊 任务准备 4：了解如何填写快递单

在我要寄快递界面可以选择要发货的商品、填写详细信息、选择物流公司发货等。
通过该功能，卖家可以自主发货。
我要寄快递界面如图 5-11 所示。

图 5-10　物流服务界面

图 5-11　我要寄快递界面

任务执行

步骤 1：利用流程图办公软件绘制物流模板

学生根据已有的知识储备，利用流程图办公软件绘制物流模板。

步骤 2：将绘制的物流模板保存为图片格式

各组绘制的物流模板采用图片形式上交。

步骤 3：各组委派一名代表上台分享

各组委派一名代表上台进行汇报和分享。

任务评价

在完成上述任务后，教师组织学生进行三方评价，并对任务执行情况进行点评。学生完成如表 5-1 所示的任务评价表的填写。

表 5-1 "认识物流模板"任务评价表

项 目 组			成 员				
评价标准	评价项目		分 值	自我评价（20%）	他组评价（30%）	教师评价（50%）	合 计（100%）
	能够在规定时间内完成物流模板的制作		40				
	小组成员分工合作情况		25				
	分享讲解详细流畅		35				
合 计			100				

任务二　制作配送说明模板

任务展示

（1）请扫一扫图 5-12 中的二维码，预习本任务的学习资料。

（2）小明同学初步了解并绘制了物流模板后，对网店的物流模板有了一定的认识。物流环节的最终目的是在最短的时间内，通过各种方式为客户进行配送服务，因此物流环节与配送环节紧密相连，环环相扣。接下来，小明就需要制作配送说明模板。

图 5-12　本任务学习资料

任务准备

任务准备 1：了解配送说明模板所包含的要素

配送说明模板中通常包含的要素有配送方式、配送费用、发货时间、发货说明、影响正常发货的原因等。

任务准备 2：了解如何编辑配送说明内容

常见配送说明内容如下。

配送方式：本店默认圆通快递，如需要发其他快递请提前与客服交流（可选三通一达）。

配送费用：部分包邮商品只针对中国大陆地区享有包邮优惠，中国港澳台同胞购买商品前请联系客服，需补足邮费，敬请谅解。

全程运输保险：全场商品均已购买运费保险，由于运输原因发生的丢失均由快递公司提供全额赔付。

发货时间：保证商品在付款后 72 小时内发货（法定节假日、大型促销活动日除外）。正常情况下，每天 15:00 之前的订单会在当天发出，15:00 之后的订单都会在次日发出。

发货说明：在您支付成功并生成有效订单后，如果是定制订单，我们将安排生产部门尽快制作，如果是现货，我们将在接到生效订单后尽快安排发货。

影响正常发货的原因如下。

（1）地址错误或地址不准确将直接导致无法配送或延误配送时间。

（2）买家在填写收件人地址时要尽量完整详细，如果需要变更地址，则请在拍下商品之前修改，请不要填写邮箱地址。联系电话非常重要，请保持手机开机状态，只有这样才能保证商品安全、快速地送达，谢谢合作！

（3）买家留言。在确认订单付款后，客服中心会对留言进行确认，并根据留言内容联系买家进一步核实。如果买家的订单有留言，则将有可能影响正常的发货时间。

✏ 任务准备 3：了解如何设计配送说明模板

利用 Photoshop 软件选择模板填充背景颜色，设计配送店面的主题及 Logo，如免费邮寄、送货上门、极速配送等。可以根据具体需要，设计下一级内容，如极速配送可以具体到可供选择的快递方式等。在设计时要注意背景颜色与字体颜色之间的搭配，也可以在办公软件中插入形状参照模板进行布局规划。配送说明模板设计如图 5-13 所示。

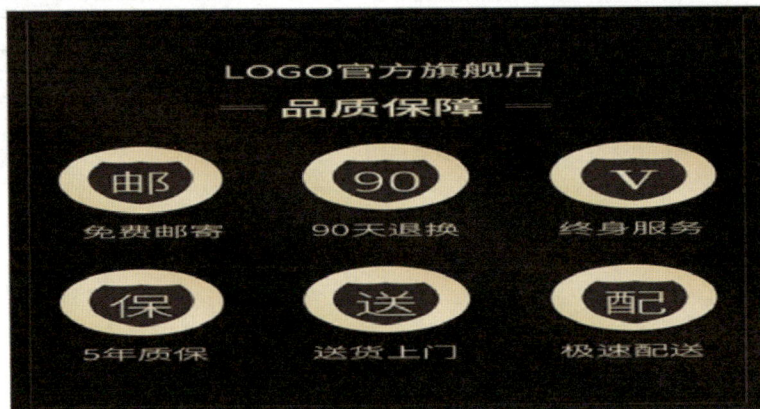

图 5-13　配送说明模板设计

✖ 任务执行

✏ 步骤 1：设计自己店铺的配送说明模板

以小组为单位，上网查阅相关资料，设计自己店铺的配送说明模板，并明确配送说明模板的要素信息。

✏ 步骤 2：编辑和美化配送说明模板

在编辑和美化配送说明模板时要做到图文并茂，布局美观，规划清晰，考虑详细，最后以图片形式提交任务。

✏ 步骤 3：各组委派一名代表上台分享模板

各组委派一名代表上台分享本小组制作的模板，并分享在制作过程中的经验及遇到的问题，以及相应的解决办法，教师予以点评。

任务评价

在完成上述任务后，教师组织学生进行三方评价，并对任务执行情况进行点评。学生完成如表 5-2 所示的任务评价表的填写。

表 5-2　"制作配送说明模板"任务评价表

项　目　组			成　员				
评价标准	评价项目		分　值	自我评价（20%）	他组评价（30%）	教师评价（50%）	合　计（100%）
	能够在规定时间内完成配送说明模板的制作		40				
	小组成员分工合作情况		25				
	分享讲解详细流畅		35				
合　　计			100				

任务三　制作运费公告模板

任务展示

（1）请扫一扫图 5-14 中的二维码，预习本任务的学习资料。

（2）小明同学在完成了前两项任务之后，接下来就要考虑运费的问题了。快递的选择不仅对买家重要，对卖家也同样重要，不同的快递运费及服务存在差异性，在为客户选择最好的快递和最优的运费服务时，运费公告模板的作用显得尤为重要。

图 5-14　本任务学习资料

任务准备

任务准备 1：了解什么是三通一达

三通一达是申通快递、圆通速递、中通快递、韵达快递这四家快递公司的合称。

任务准备 2：了解如何制作运费模板

以下以淘宝网为例介绍如何制作运费模板。

（1）进入如图 5-15 所示的淘宝网后台，选择"卖家中心"。

图 5-15　淘宝网后台

（2）在"卖家中心"里选择"物流工具"，如图5-16所示。

图 5-16　选择"物流工具"

（3）进入"运费模板设置"界面，选择"新增运费模板"，如图5-17所示。

图 5-17　"运费模板设置"界面

（4）选择并设置合作的快递公司，以及"开通的服务"等内容，如图 5-18 所示。

图 5-18　选择并设置合作的快递公司

（5）设置模板名称，如图 5-19 所示。

图 5-19　设置模板名称

（6）保存新设置的运费模板，如图 5-20 所示。

图 5-20　保存新设置的运费模板

任务执行

步骤 1：为自己开设的网店制作运费公告模板

各小组学生明确分工，共同为自己开设的网店制作运费公告模板。

步骤 2：利用 Photoshop 设计并编辑运费公告模板

要求参考知识储备要点进行构思，利用 Photoshop 设计并编辑运费公告模板，最终以图片形式进行展示。

步骤 3：各组委派一名代表上台分享模板

各组委派一名代表上台，分享本组制作的运费公告模板。

任务评价

在完成上述任务后，教师组织学生进行三方评价，并对任务执行情况进行点评。学生完成如表 5-3 所示的任务评价表的填写。

表 5-3 "制作运费公告模板"任务评价表

项 目 组		成 员				
评价标准	评价项目	分 值	自我评价（20%）	他组评价（30%）	教师评价（50%）	合 计（100%）
	能够在规定时间内完成运费公告模板的制作	40				
	小组成员分工合作情况	25				
	分享讲解详细流畅	35				
合 计		100				

任务四 制作店铺公告模板

任务展示

（1）请扫一扫图 5-21 中的二维码，预习本任务的学习资料。

（2）小明完成了以上环节后，接下来就要思考如何制作店铺公告了。店铺公告的内容包括自己店铺的简介，以及自己想和到访者说的话、一些忠告和注意事项，这里的内容会被大部分人第一时间注意到，一般被放置在店铺的右上角，类似报纸的报眼位置，而且是滚动显示的。

图 5-21 本任务学习资料

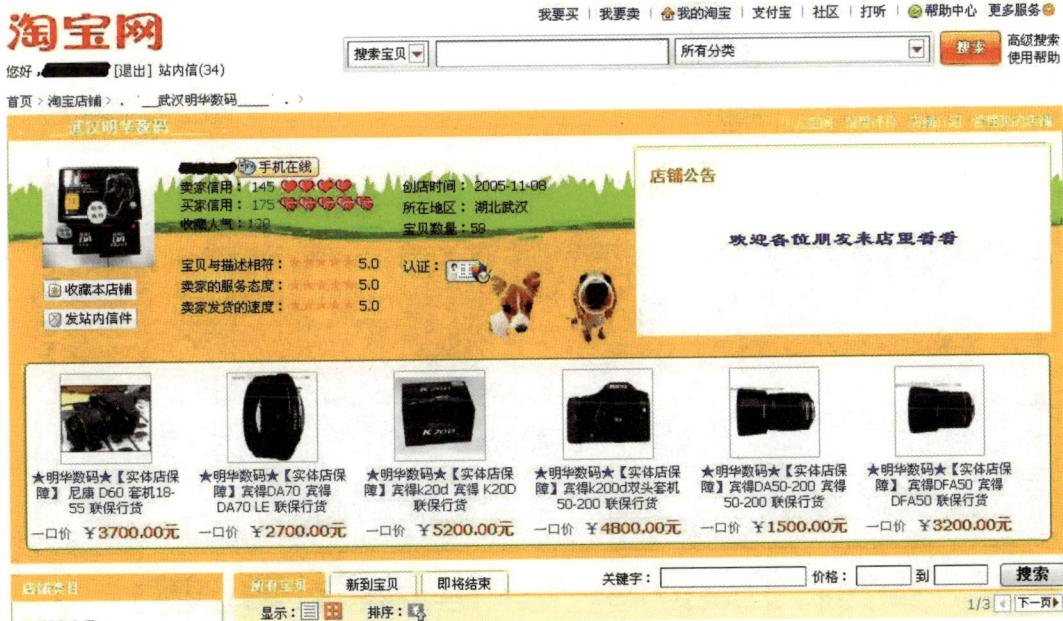

店铺公告如图 5-22 所示。

图 5-22 店铺公告

任务准备

任务准备 1：了解公告模板制作步骤

（1）打开已经装好的软件 Adobe Photoshop CS5，新建一个空白文档。

（2）找到事先准备好的图片，把它复制到新建的文档中。

（3）返回新建的文档中，按下"Ctrl+V"组合键粘贴图片到文档中。将图片拖动到合适的位置。可按"Ctrl+T"组合键调整图片的大小。

（4）制作公告栏的步骤如下：单击"圆角柜形工具"，在合适的位置画一个长方形，并根据需要调整大小及位置，底色设置为白色，不透明度设置为 50%，这样可以与背景图更好地融合。

（5）继续制作"逛逛店铺""信用评价""收藏店铺""店铺介绍"等内容。

✏ 任务准备 2：制作店铺公告模板

常见店铺公告模板形式如图 5-23 所示。

图 5-23　常见店铺公告模板形式

🔧 任务执行

➤ 步骤1：以某网店销售毛笔等商品为背景制作店铺公告模板

以小组为单位，以某网店销售毛等商品为背景，利用 Photoshop 软件制作店铺公告模板，要求图文并茂、精美简洁、要素清晰。

➤ 步骤2：设计价格促销策略

以小组为单位设计网店的价格促销策略。

➤ 步骤3：设计售后服务策略

以小组为单位，查阅网上店铺售后服务策略，结合实际情况，为网店设计售后服务策略。

➤ 步骤4：制作店铺公告模板

各小组利用 Photoshop 完成如图 5-24 所示的店铺公告模板样图的美化工作，并补充店铺名称、商品内容、种类、价格促销、售后服务、好评返现等内容。

图 5-24　店铺公告模板样图

📋 任务评价

在完成上述任务后，教师组织学生进行三方评价，并对任务执行情况进行点评。学生完成如表 5-4 所示的任务评价表的填写。

表 5-4 "制作店铺公告模板"任务评价表

项 目 组		成 员				
评价标准	评价项目	分 值	自我评价（20%）	他组评价（30%）	教师评价（50%）	合 计（100%）
	能够在规定时间设计和制作店铺公告模板	40				
	小组成员分工合作情况	25				
	分享讲解详细流畅	35				
合 计		100				

任务五 制作退换货流程模板

任务展示

（1）请扫一扫图5-25中的二维码，预习本任务的学习资料。

（2）当小明完成了售前、售中服务流程的设计后，接下来就需要考虑买家购买商品后可能出现的售后服务问题，售后服务的好坏直接影响卖家的信誉，因此设计退换货流程模板显得尤为重要。

图 5-25 本任务学习资料

任务准备

任务准备 1：了解退换货签收流程

退换货签收流程如下。

（1）检查退换货商品的数量、质量。

（2）收到退换货商品后及时与客户沟通，做好备注。

（3）根据退货订单进行退款，根据换货订单进行换货流程。

任务准备 2：了解快递公司原因造成的退换货的解决方法

因快递公司在运输过程中的失误，造成的商品出现质量问题时，买家应首先拒签，然后与卖家及时联系并说明原因。卖家收到买家的说明后，需要及时为买家的订单做备注，待卖家收到买家退回的商品后，卖家应及时为买家退款或重新换货。由于快递公司原因造成的退换货，卖家应追究快递公司的责任。

售前客服应该在发货前提醒买家在签收商品前需确认包裹是否被损坏。

任务准备 3：了解质量问题或个人原因造成退换货的解决方法

对于由于质量问题或个人原因造成的退换货，需要首先问明退换货的原因，了解清楚是因为质量问题退换货，还是因为买家个人原因退换货。如果是因为质量问题退换货，则退换货的运费由卖家承担；如果是因为买家个人原因造成的退换货，则退换货的运费由买家自己承担。

对于因为质量问题退换货的情况，卖家可要求买家在收到商品的48小时内提供有质量问题的商品照片，卖家审核后在订单上进行备注，待收到买家返回的商品后进行退换货处理。

对于因买家个人原因造成的退换货，卖家可以在订单上直接标明买家退换货原因，并等待收到买家退换的商品后，再进行退换货处理。

买家换货时，需要在售后服务卡上填写退回的款式和需要更换的款式。如果已购商品及要更换的商品之间有差价，则应采取多退少补的方式弥补差价。

✏ 任务准备 4：了解换货流程

换货流程如下。

买家填写售后服务卡→寄回商品→卖家收到商品后检查商品质量→卖家核对事先与客户沟通时所做的记录→进行备注→根据要求将更换后的商品寄回给买家。

备注的内容包括买家换货原因、原有款式、需要换的款式、是否需要补/退差价或邮费、差价及邮费金额、经办人姓名、办理时间、寄回地址、寄回时间。

✏ 任务准备 5：了解退货流程

退货流程如下。

买家寄回商品→卖家收到商品后检查商品质量→进行备注→给买家退款→对退回的商品进行处理。

备注的内容包括退货原因、款式、退货金额、经办人姓名、办理时间。

✏ 任务准备 6：了解退换货流程

退换货流程图如图 5-26 所示。

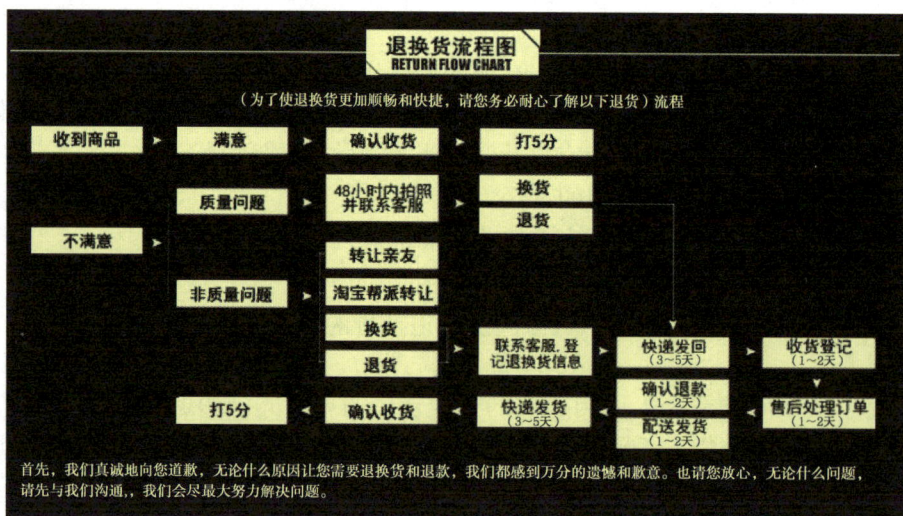

图 5-26　退换货流程图

任务准备 7：了解制作退换货模板

退换货模板的内容包括退换货标题、致顾客退换货需知，以及重点要表达歉意和解决顾客反馈的问题，同时还要说明 7 天商品满意期退货的规则，要向用户具体讲明什么情况下不予退货，什么情况下能够进行退货，以及需要提交的证据、邮寄费用及返回商品的完好度。退换货模板封面可利用制图软件进行美化。退换货模板如图 5-27 所示。

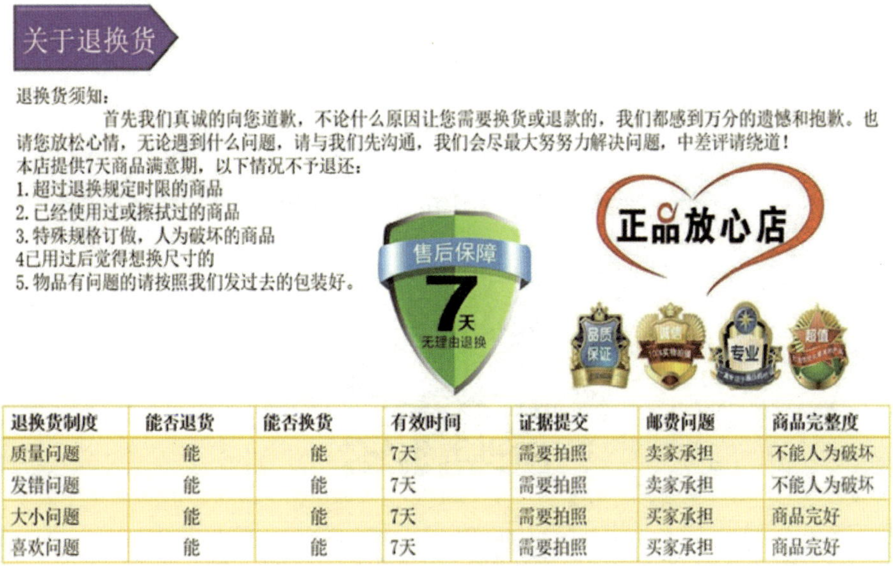

退换货制度	能否退货	能否换货	有效时间	证据提交	邮费问题	商品完整度
质量问题	能	能	7天	需要拍照	卖家承担	不能人为破坏
发错问题	能	能	7天	需要拍照	卖家承担	不能人为破坏
大小问题	能	能	7天	需要拍照	买家承担	商品完好
喜欢问题	能	能	7天	需要拍照	买家承担	商品完好

图 5-27　退换货模板

任务执行

步骤 1：制作卖家退换货模板

以小组为单位，各小组在购物网站开设自己的网上店铺，在开设网上店铺之前设计售后服务中的退换货模板。

步骤 2：各小组委派一名代表上台进行分享

各小组委派一名代表上台，将本组制作的退换货模板进行分享。

任务评价

在完成上述任务后，教师组织学生进行三方评价，并对任务执行情况进行点评。学生完成如表 5-5 所示的任务评价表的填写。

表 5-5 "制作退换货流程模板"任务评价表

项　目　组		成　　员				
评价标准	评价项目	分　　值	自我评价（20%）	他组评价（30%）	教师评价（50%）	合　　计（100%）
	能够在规定时间内制作退换货流程模板	40				
	小组成员分工合作情况	25				
	分享讲解详细流畅	35				
合　　计		100				

思政课堂

请扫一扫图 5-28 中的二维码，进行项目五思政课堂的学习。

图 5-28　项目五思政课堂

课后习题

请扫一扫图 5-29 中的二维码，进行项目五课后习题的练习。

图 5-29　项目五课后习题

项目六
体验移动电商快递业务

党的二十大报告提出："贯彻新发展理念，着力推动高质量发展，主动构建新发展格局。"为贯彻落实党的二十大精神，本项目分为四个任务介绍移动电商快递业务。

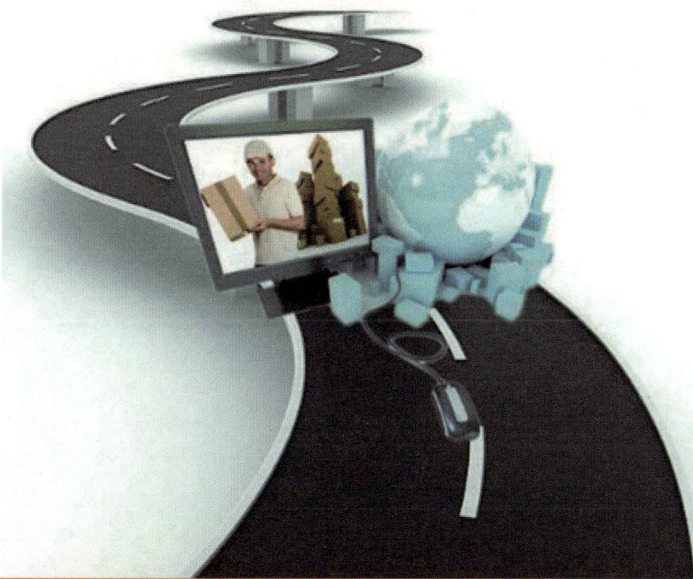

任务一　体验电商快递流程

◆ 任务展示

　　近年来，伴随着电商的迅猛发展及"互联网＋"的重大变革，我国的快递业务进入了高速发展期，快递这一不起眼的"草根产业"快速成长为新经济发展过程中的一匹"黑马"。2018年1月，国务院办公厅……快递业务的协同发展。《2020年邮政行业发展统计公报》显示，2020年全年我国快递服务企业业务量完成833.6亿件，同比增长31.2%；快递业务收入完成8795.4亿元，同比增长17.3%。2011—2020年，我国快递行业业务总量和快递行业业务收入持续保持中高速增长态势，已牢牢锁定了世界"第一快递大国"的地位。在国内外经济形势复杂多变的背景下，快递业逆势上扬成为我国经济发展的一大亮点。

　　快递已经成为现代生活中不可缺少的物流活动。

　　（1）请扫一扫图6-1中的二维码，预习本任务的学习资料。

　　（2）图6-2是某快递公司的快件基本运作流程，请针对该公司的快递流程做出正确、完整的描述和解释。

图6-1　本任务学习资料

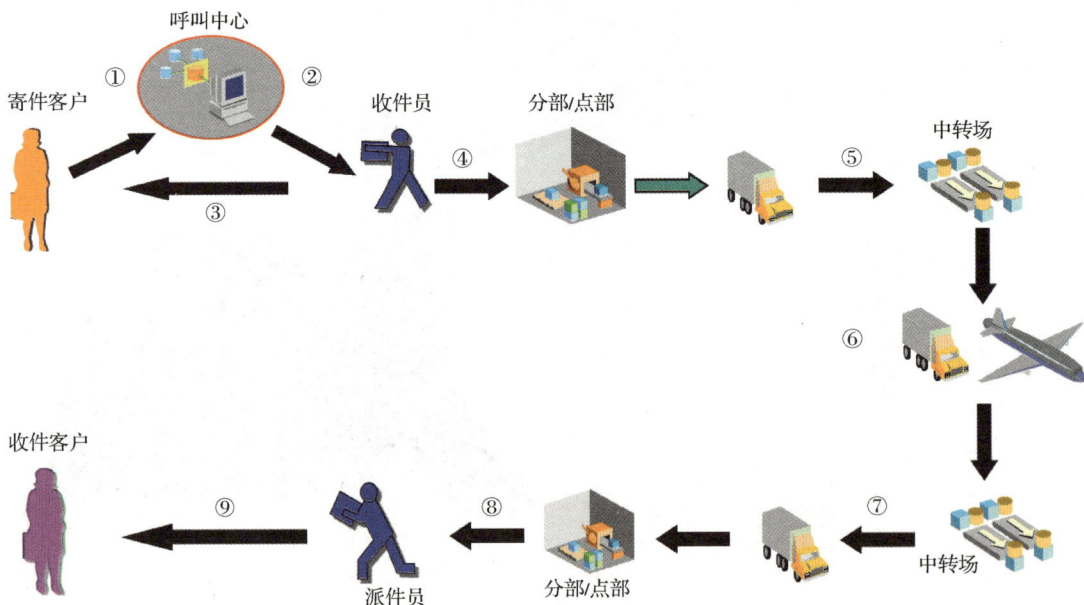

图6-2　快件基本运作流程

任务准备

任务准备 1：了解快递与快递服务

请扫一扫图 6-3 中的二维码，观看认识国内知名快递的视频讲解。

1. 什么是快递

快递（express）又称速递，是指物流企业通过自身的独立网络，或者以合作联营的方式，通过铁路、公路和航空等运输方式，对货物进行快速投递。从产业经济类别来看，快递是物流的一个子行业；从业务运作来看，快递是一种新型的物流方式。

2. 快递服务及其特点

快递服务（express service）是指快速收寄、分发、运输和投递（派送）单独封装的、具有姓名地址的信件、包裹及其他不需要储存的物品，并按照承诺的时限递送到收件人或指定地点，同时获得签收的寄递服务。

可以看出，快递服务是"门到门""桌到桌"的便捷服务，时限和安全是快递服务的价值核心。为此，快递服务需要具有完善、高效的服务网络和合理的覆盖网点，以便能够提供业务的全程监控和实时查询。同时，快递服务要求每个快件必须单独封装、具有名址，同时有重量和尺寸限制，实行差别定价，并提前确定付费结算方式。

3. 快递服务的业务种类

快递服务按照网络规模划分，分为国际快递、国内异地快递和同城快递三大业务种类；按照所有制形式划分，分为国有、民营、外资三大所有制形式；按照运输方式划分，可分为航空快递、公路快递、铁路快递三大主要运输方式。

任务准备 2：了解电商时代快递服务面临的机遇与挑战

1. 电商与快递服务的协同发展

电商与快递服务曾经是分属两个不同领域的产业，随着现代消费方式的变化，现在二者变得密切关联、相伴而行、相辅相成。

电商的运营模式是一种基于网络经济的新型的商业运营模式，电商的核心目的是以网络信息流的通畅带动物流和资金流的统一。电商能力所及的是信息快速通达；电商能力所不及的则是实物型货品快速送达。因此，电商的迅猛发展必将大大增加对于快递服务业的需求，网络购物业务量的增长也同步带动了快递业务量的增长，而快递作为整个线上用户购物体验的核心环节，必然直接关乎电商的整体服务质量与效益。因此，作为电商支撑产业的快递服务业的发展也将直接影响和制约电商发展的规模与速度。

因此可以说，电商与快递服务好比天秤的两端，任何一端发展的停滞与落后，都会造成天秤失衡，只有双方联动发展、协同共赢，才能更好地为用户提供优质服务，并可有力促进这两个产业的协同发展。

2. 电商对快递服务企业的新要求

随着网购用户群体的迅速发展壮大，电商中的买家对快递服务的要求日趋细分化和多样化，电商平台与快递服务的线上线下合作不可避免，因此快递企业必须以网络化、信息化作为企业经营的基础；以服务质量作为企业的主要竞争手段；以供应链物流作为企业的发展方向，这是电商对快递服务企业的基本要求。

2018年8月31日，备受关注的《电商法》经十三届全国人大常委会第五次会议表决通过，并于2019年1月1日正式施行，电商终于迎来了"有法可依"的时代。《电商法》第五十二条特别指出，电商当事人可以约定采用快递物流方式交付商品。快递物流服务提供者为电商提供快递物流服务时，应当遵守法律、行政法规，并应当符合承诺的服务规范和时限；快递物流服务提供者在交付商品时，应当提示收货人当面查验；交由他人代收的，应当经收货人同意；快递物流服务提供者应当按照规定使用环保包装材料，实现包装材料的减量和再利用；快递物流服务提供者在提供快递物流服务的同时，可以接受电商经营者的委托提供代收货款服务。

《电商法》从法律层面对快递的责任、服务、时限、查验、代收、包装材料、代收货款提出了明确的要求，这使得电商经营者在选择合作的快递企业时，对运输时效保障、客户服务体验等方面可以提出更高要求。因此，具备时效与服务优势的快递企业的竞争能力将会有进一步提升。

任务准备3：认知电商快递模式

在传统的商业模式之下，商品以一定"批量"的"仓到仓"形式经过厂商、分销商、零售商，最终到达消费者，实物在空间上实现逐级转移，分销商、零售商乃至消费者承担了运输、仓储和配送的角色。但是在电商模式下，分销渠道由"多层"变为"扁平"，商品以更快速、更便捷的方式到达消费者，而商品的流通形成了两种主要模式，网络快递模式（以淘宝网为代表）与仓配模式（以京东物流为代表）。

网络快递模式是指通过网络的模式，实现包裹的揽件→中转→干线运输→中转→末端配送的流程。例如，买家在淘宝网进行购物时，商品通常以"单件"的形式，借助"快递"，从企业（卖家）经过多个环节的"集散和分拨"，最终到达分散在全国的买家手中。

仓配模式包含了"仓储"和"配送"两大业务环节，通俗地讲就是采用分布式仓储，将商品直接从仓库发往客户的物流模式。仓配一体化的物流企业一般能够做到商品的库存管理、订单处理、出库、配送等作业一体化，代表企业有京东物流、品骏物流、苏宁物流等，这些企业主要服务于自营电商，缩短了自营订单的配送时间，保证了服务质量。

网络快递具备覆盖区域广、价格便宜、灵活便利等优势，从当前现状乃至将来长期发展趋势来看，电商快递仍以网络快递模式为主体，因此本书所讲的电商快递流程以网络快递模式作为参照。

任务准备4：熟悉电商快递流程

1. 快递流程的概念

快递流程是指快件传递过程中逐渐形成的一种相对固定的业务运行及操作的顺序及环节。

2．电商快递运作的四大主要作业环节

快递服务是一个有机的整体，按照快递业务运行顺序，每一宗快件业务都要经过快件收寄、快件处理、快件运输和快件派送四大主要的作业环节。快件收寄是快递业务的始端，快件派送是快递业务的终端，快递业务的中间环节是运输中转，而在快件的收寄后、派送前都要进行分拣、封发处理。快递四大主要作业环节流程图如图6-4所示。

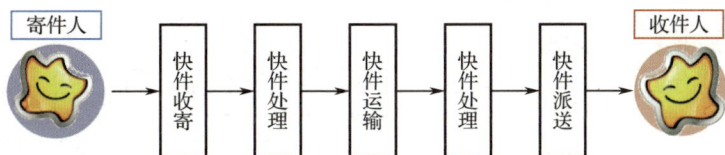

图 6-4　快递四大主要作业环节流程图

（1）快件收寄。

快件收寄是快递流程的首要环节，是指快递企业在获得订单（包括电话下单或网上下单）后由收件员上门服务，完成从客户处收取快件和获得收寄信息的过程。快件收寄分为上门揽收和网点收寄两种形式。收件员在进行快件收寄时的任务包括验视快件、指导客户填写运单和包装快件、计费称重、快件运回、交件交单等工作。

（2）快件处理。

快件处理包括快件分拣、封发两个主要环节，是快递流程中贯通上下环节的枢纽。在这个环节中，快件处理人员必须按照客户运单填写的地址和收寄信息，将不同流向的快件进行整理、集中，再分拣并封装成总包发往目的地。

（3）快件运输。

快件运输是指在统一组织、指挥和调度下，按照运输计划，综合利用各种运输工具，将快件迅速、有效地运达目的地的过程。目前，快件运输主要包括航空运输、公路运输和铁路运输这三种方式。航空运输主要依托航空公司和机场，为客户提供个性化的航空运输延伸服务，由于其运输快捷，因此该方式已成为远途快递最常用的方式，尤其是在国际快件运输方面发挥了主要作用。公路运输是目前运输量最大的快件运输方式，国内异地和同城快递基本都使用这一方式。铁路运输利用行李车进行快运，运量大、安全、准时，适用于大件物品和一些航空禁运物品的远途运输。快递企业可根据快件的时效与批量等实际要求，选择合适的运输方式来保证将快件快速、准确地送达客户。

（4）快件派送。

快件派送是指派件员按照收寄信息，上门将快件递交给收件人并获得签收信息的过程。快件派送是快递服务的最后一个环节，具体工作包括进行快件交接、选择派送路线、核实客户身份、确认付款方式、提醒客户签收、整理信息和交款等多项工作。

3．电商快递业务运作流程

正常的快递业务操作可分为收件、发件、到件、派件（异常快件可能还涉及退件、留仓、转件等业务）工作。快件的流转环节中包括寄件客户、寄件站点、分拨中心（可能经过多级分拨）、派件站点、收件客户等节点。

快件业务运作流程示意图如图6-5所示，通过该图可以对快递企业的业务运作流程有一个更直观的认识。

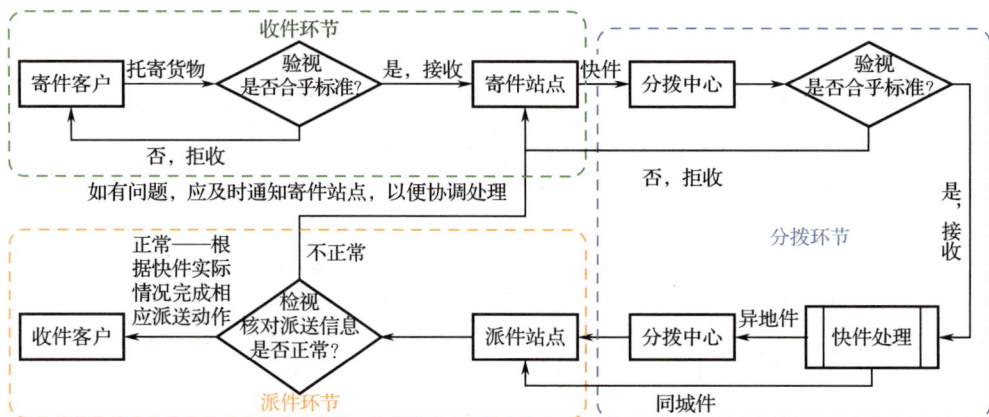

图 6-5　快件业务运作流程示意图

根据业内情况调研，快递公司业务运作流程如下。

（1）快递公司一般都会提供电话、互联网等多种方式接收寄件客户的寄件要求。所以，寄件客户下单时可以通过快递公司客服电话下单，也可以在快递公司官网在线下单。

（2）快递公司收到并确认订单业务时，会根据寄件客户要求分配收件员做好上门取货工作（或者是寄件客户选择亲自到快递营业网点寄发快件）。对寄件客户交寄的信件和物品，收件员会对其进行验视以判断有无违规，以及是否在快递公司派送范围之内。经确认没有问题后，收件员就会根据快递货物的情况进行规范包装，并指导寄件客户正确、清楚地填写运单，然后计费称重并结清快递费用。最后，收件员会向寄件客户提供一份结算的票据及快递运单底单。

（3）收件员取回寄件客户的快递货物，交由各快递营业网点进行收件扫描和录单操作，以对快件货物进行入库信息登记，这便意味着寄件客户的托寄货物已正式进入快递公司网络，寄件客户及收件客户均可凭借运单号，通过网络对在途货物进行全程追踪和查询。

（4）快递货物经快递营业网点统一送达收件地分拨中心，由分拨中心业务人员对快递货物进行统一分拣和验收，对分拣、验收符合标准的快递货物，由收件地分拨中心装包和扫描后，再进行装车与封车，并将快递货物运往目的地分拨中心。

（5）目的地分拨中心收到快递货物后进行到件扫描，这意味着快递货物已经中转至目的地。目的地分拨中心对快递货物再次分拣，再由目的地分拨中心发往派件营业网点，

（6）各快递营业网点对已到达站内的快递货物在派送前进行条码扫描，该扫描意味着快递货物即将派送到收件客户处。扫描成功之后，快递货物会按照收件地点被统一分配并放进派件地点对应的货架，再由派件员对自己负责配送的区域内的快递货物进行统一配送。

（7）派件员按照派件地点将快递货物送交收件客户处，收件客户确认货物完好无缺后完成签收，至此整个快递公司业务运作流程即告结束。

✂ 任务执行

📌 步骤1：以小组为单位，分析电商快递运作流程

请结合所学，对如图 6-2 所示的某快递公司的快件基本运作流程做出正确、完整的描

述和解释，并委派一名组员作为代表上台分享。

步骤 2：填制快递业务流程简图

YD 快递公司有一份待补充完善的快递业务流程简图如图 6-6 所示，请结合所学，将其填充完整。

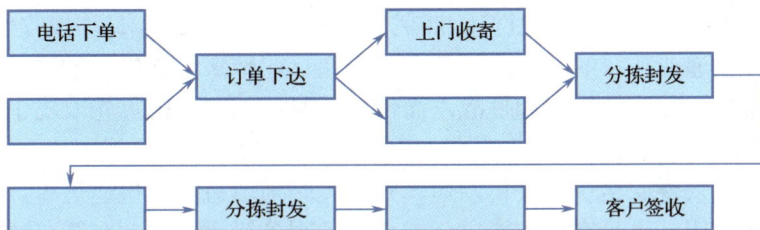

图 6-6　YD 快递公司的快递业务流程简图

任务评价

在完成上述任务后，教师组织学生进行三方评价，并对任务执行情况进行点评。学生完成如表 6-1 所示的任务评价表的填写。

表 6-1　"体验电商快递流程"任务评价表

项　目　组		成　员				
评价标准	评价项目	分　值	自我评价（20%）	他组评价（30%）	教师评价（50%）	合　计（100%）
	熟悉快递企业快件业务运作全过程	40				
	快递业务流程简图补充正确	25				
	分享讲解详细流畅	35				
合　计		100				

任务二　体验快递物品运单操作

任务展示

　　根据国家邮政局监测数据显示，2021 年"双十一"电商平台大促期间（11 月 1—16 日），全国邮政、快递企业共处理快件达 68 亿件，同比增长 18.2%，日均揽收包裹超 4 亿件，再创历史新高。快递业务量的爆发式增长在为快递行业带来增长机会的同时，也为快递企业的运作效率带来了很大的压力和挑战，而快递的时效与安全则首先取决于快递运单操作的正确与规范。

　　如果要将一票快件交给快递公司发运，则首先必须填写一份快递运单，该运单是确保快件得以派送的证明，也是客户与快递公司之间的服务格式合同，在符合特定要件的情况下就具备了法律效力，是维护双方合法权益的必要证据。

　　对于快递业务人员来说，运单操作是一项技术性较强的工作。寄件客户填写快递运单前，快递业务人员应当提醒寄件客户阅读运单背书条款，提示寄件客户如实、正确填写运单内容，包括寄件客户及收件客户的姓名、地址、电话等联系方式和快递物品的名称、类别、数量等，并建议客户对贵重物品保价。对客户已填好的运单，快递业务人员须对已填写内容进行认真检查，并让客户在指定的位置签名。快递业务人员对已包装好的快递物品进行称重，确认支付方和支付方式，并在运单指定的位置注明，再将填写好的运单、标识等规范地粘贴在快件外包装的合适位置。最后，将运单寄件客户存根联交给客户，将揽收快件在规定的时间内投递。

　　（1）请扫一扫图 6-7 中的二维码，预习一下本任务的学习资料：2012 年 10 月，国家质量监督检验检疫总局、国家标准化管理委员会联合颁布的《快递运单》国家标准；2016 年 3 月 1 日国家邮政局颁布实施的《快递电子运单》邮政行业标准。

图 6-7　本任务学习资料

　　（2）通过本任务的学习，需熟练掌握快递运单的制作方法。

任务准备

任务准备 1：认识快递运单

1. 快递运单的概念

　　快递运单（express waybill）又称快件详情单，是快递企业为寄件人准备的，由寄件客户或其代理人签发的重要的运输单据。快递运单是快递企业与寄件客户之间的寄递合同，其内容对双方均具有约束力。当寄件客户以物品所有人或代理人的名义填写并签署快件运单后，即表示接受和遵守运单的背书条款，并受法律保护。

2. 快递运单的内容

快递运单是寄件客户与快递企业之间的服务格式合同，由正面寄递信息和背书条款两部分组成。

快递运单正面的内容（见图6-8）是对快件涉及信息的详细描述，其内容主要包括寄件客户的信息，收件客户的信息，寄递物品性质、重量、资费、数量，寄件客户签名，收件客户签名，寄件日期，付款方式，业务员名或工号等内容。每一份快递运单正面都有一个条形码，通过条形码将快递与快递运单进行捆绑，便于快件物品运输途中的查询和操作。

在快递运单的背面（见图6-9）有快递条款，即运单背书条款。运单背书条款确定了快递企业与客户之间权利、义务的主要内容。运单背书条款由快递企业和寄件客户共同承认、遵守，具有法律效力，自签字之日起确认生效。运单背书条款主要内容包括查询方式与期限，客户和快递企业双方的权利与责任，客户和快递企业产生争议后的解决途径、赔偿的有关规定。

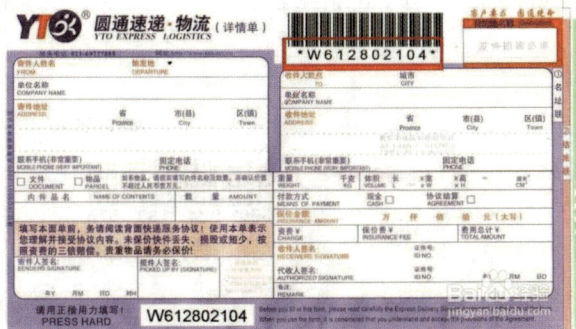

图6-8 快递运单正面

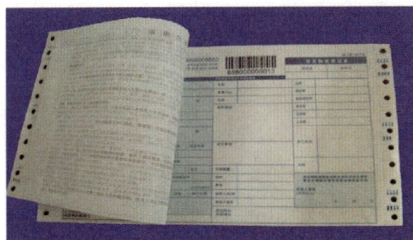

图6-9 快递运单背书

3. 快递运单的类型

在快递业务操作流程中，快递运单信息的填写是一个非常重要的环节。这些年，为了用最短的时间争取更多的客户，快递企业在快递运单上下了不少功夫，不难发现快递运单一直经历着"改朝换代"。

（1）传统运单。

从快递行业诞生之日起，快递企业就一直在使用传统运单，时至今日，仍有部分企业在使用。传统的快递运单为多联复写式纸质运单，一般分为四联或五联（A寄件客户存根联、B快递企业收件存根联、C收件客户存根联、D快递企业派件存根联、F进

小贴士：

快递运单正面用于记录快件原始收寄信息，在实操中须严格如实、规范填写。而快递运单背面则属于格式化条款，由各快递公司统一印制，尤其是《快递运单》国家标准实施后，快递运单背面关于责任与义务的条款，在国内各快递公司间更趋于统一和规范。所以，从快递运单填制角度，快递运单也称快递面单。

出口快件报关联），通常需要客户或收/派件员通过手动填写快件的相关信息。快递运单上承载着寄/收件客户姓名、联系方式、住址，以及所寄物品属性、数量等大量信息。虽然"多联复写"可以确保快件相关信息的一致性，如果发生异常，寄件客户、收件客户、快递企业等则可将各自留存的快递运单联作为处理异常问题的依据，但其存在的问题还是不少。

首先是个人信息泄露问题，在快件流通的过程中，要经过多次的流转、分拣，"裸奔"的快递运单上的信息在任何一个环节上都有可能被泄露。其次，多联复写的快递运单制作复杂、成本较高，对纸张造成巨大浪费，且客户寄/收快件时，还要从包裹上抽取出相应的快递运单联，影响了流转效率。再者，由于是多联复写，所以一旦填写出现错误，对应的运单号将作废。最后，快递企业需要对快件业务电子化，但是受到快递运单本身的限制，因此需要设置录单环节，从而增加了人力和物力成本，拉长了配送时效。

（2）电子运单。

由于传统纸质快递运单价格高、信息录入效率低、不易保存且存在信息安全隐患等方面的问题，所以无法满足当前快速送达快递的需求，于是电子运单应运而生。电子运单是指使用不干胶热敏纸，按照物流公司的规定打印客户收/派件信息的运单，在行业内也称热敏纸快递标签、经济型运单、二维码运单等，该运单是将快件原始寄收信息按照一定格式存储在计算机信息系统中，并通过打印设备，将快件原始寄/收信息输出至热敏纸等载体上所形成的单据（见图6-10）。

图6-10　电子运单

电子运单于 2012 年在我国快递行业中首次应用。与传统运单相比，电子运单的优点很多。首先，电子运单中的相关信息无须手写，且打印出现失误或部分电子运单受损时，不会使整个电子运单报废，运单号依旧有效；其次，电子运单面积大幅度缩小，制作成本降低 5 倍以上，从而降低了运营成本；再次，电子运单节省了快件录单环节，提高了分拣效率，进而提升了快递处理效率，有效提高了配送时效；复次，电子运单的信息容量大，在预设的空白处还可以印刷促销活动信息或进行企业推广，从而可以实现更多价值；最后，电子运单无须将快递运单和订单信息逐一匹配操作，订单下达即完成运单号的匹配，出错率大大降低，因此也越来越得到快递企业的青睐。

2017 年底，申通快递公司电子运单的普及率还仅为 75%，到 2018 年 6 月，该普及率已达到了 96% 以上。为规范快递电子运单的使用，保护客户合法权益，2016 年 3 月 1 日，国家邮政局出台的《快递电子运单》行业标准开始正式实施，对快递企业使用电子运单的条款、制作、管理及使用进行了规范。在业界人士看来，源于信息化的高速发展和行业的倒逼，传统的多联式纸质运单将逐步退出历史舞台。但电子运单目前仅限于在国内快递业务中使用，并不涉及国际快递业务。

（3）条码运单。

2015 年 9 月，顺丰公司在北上广深试行并推进"条码运单"。该类运单除继承了电子运单的优点外，在客户个人信息安全方面也有极大改善。它采用一串条码代替客户的相关信息，客户通过 App、微信、官网下单后，收件员带着相应的条码上门服务，快件贴上运单后，即可进入后面的流转环节。在快递过程中，物流信息的更新与个人信息的录入都将通过设备扫描完成。条码运单的出现进一步提升了收／派人员的工作效率，并使个人信息得到了更好的保护。而条码运单与传统的纸质运单具有同样的法律效力，客户可凭这一张条码运单进行查单和维权。

其实，条码运单更像是电子运单的升级版，但与之相比，条码运单上缺少了寄收双方的信息、托寄物及快件重量等重要内容，仅印有条码、收／派人员工号和电话。

如图 6-11 所示为条码运单样本，如图 6-12 所示为贴于包裹上的条码运单的效果，如图 6-13 所示为贴条码运单的快递文件。

图 6-11　条码运单样本

图 6-12　贴于包裹上的条码运单效果

图 6-13　贴条码运单的快递文件

在市场需求和竞争的双重压力下，快递运单一再蜕变。而条码运单的出现，让我们看到了普遍实行快递实名制的希望，倘若条码运单能够被快递行业广为应用，那么客户在使用快递服务时，个人信息安全问题便无后顾之忧了。

任务准备 2：了解快递运单的作用

（1）快递运单是寄件客户与快递企业之间缔结的快件寄递合同，在双方共同签名后产生法律效力，在快件到达目的地并交付给运单所记载的收件客户后，该合同履行完毕。

（2）快递运单也可作为快件收据，在寄件客户交寄快件后，快递企业就会将其中一联（寄件客户存根联）交给寄件客户，作为已经接收快件的证明，除非另外注明，否则它将是快递企业收到快件并在良好条件下装运的证明。

（3）快递运单记载着快递服务所需支付的费用，并详细列明了费用的种类、金额，因此可作为付费方的费用账单。其中，快递企业收件存根联也是快递企业的记账凭证。

（4）快递运单是出口报关的单证之一，进出口快件在到达目的地机场进行报关时，快递运单也通常是海关查验放行的基本单证。

（5）快递运单是快递企业安排内部业务的依据，快递运单随快件同行，证明了快件的身份。快递运单载明了该票快件收取、转运、派送等事项，快递企业会据此对快件的运输做出相应的安排。

任务准备 3：熟悉快递运单的填写要求与操作规范

与传统运单相比较，电子运单在操作方式和手段方面的确实现了颠覆性的变革与进步，但是运单内容与操作规范仍无太大差异。因此，本任务仍以传统快递运单作为模板，来讲解快递运单的填写要求与操作规范。快递运单填写样本如图 6-14 所示。

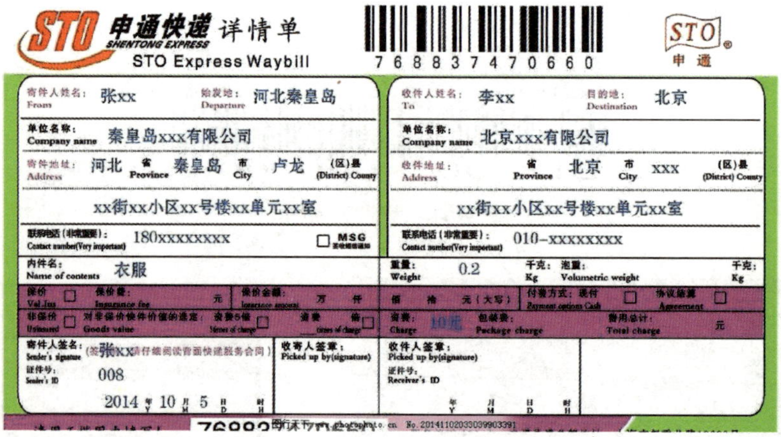

图 6-14　快递运单填写样本

1. 运单填写的总体要求

（1）文字要求。运单填写必须使用规范的汉字，不得使用不规范的简化字，更不得使用自造字、异形字。如果使用少数民族文字，则应当加注汉字。用外文或汉语拼音写的，也应当加注汉字。

（2）书写要求。必须在运单的正确位置填写各项内容。书写时应使用黑色或蓝色笔，或者使用打字机、针式打印机填写，禁止使用铅笔或红色笔填写，并应确保各联所填写的内容保持一致；要求字迹工整、刚劲有力，且从第一联到最后一联的字迹都能清晰辨认；数字栏的填写要求是，必须填写在方框内，不得压线或超出方框范围。

2. 国内标准快递详情单填写规范

目前，国内快递业务量占全部快递业务量的绝大多数。据统计，2017 年国际 / 我国港澳台地区快递业务量占全部快递业务量的 2.1%。因此，本任务以邮政特快专递详情单（国内件）作为样本，重点学习国内快递详情单填写规范。

邮政特快专递详情单（国内件）填写规范

一、详情单布局

邮政特快专递详情单（国内件）样本如图 6-15 所示。

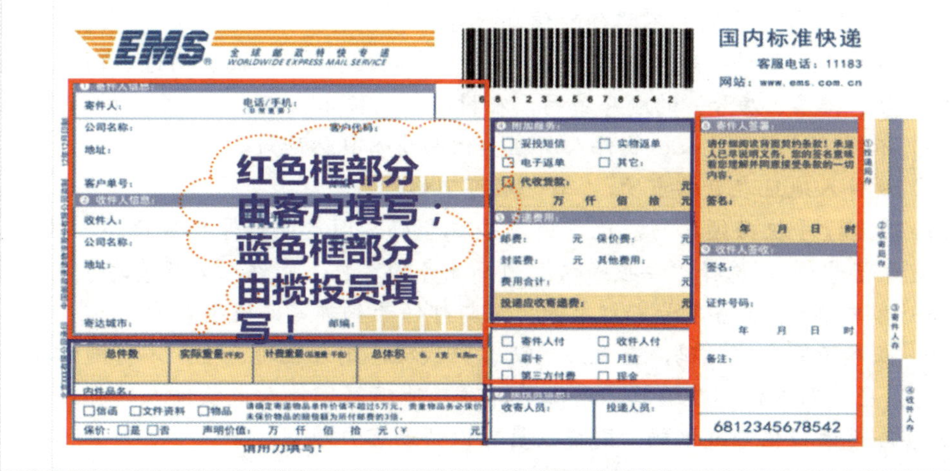

图 6-15　邮政特快专递详情单（国内件）样本

（1）详情单整体布局由 9 个栏目构成，分别是寄件人信息和收件人信息、邮件详细说明、附加服务、寄递费用、付款方式、揽投员信息、寄件人签署、收件人签收、备注。

（2）寄件人信息和收件人信息、邮件详细说明、付款方式、寄件人签署、收件人签收由客户填写；邮件详细说明、附加服务、寄递费用、揽投员信息由揽投员填写。

二、标准快递详情单填写规范

1. 寄件人信息和收件人信息

寄件人信息和收件人信息如图 6-16 所示。

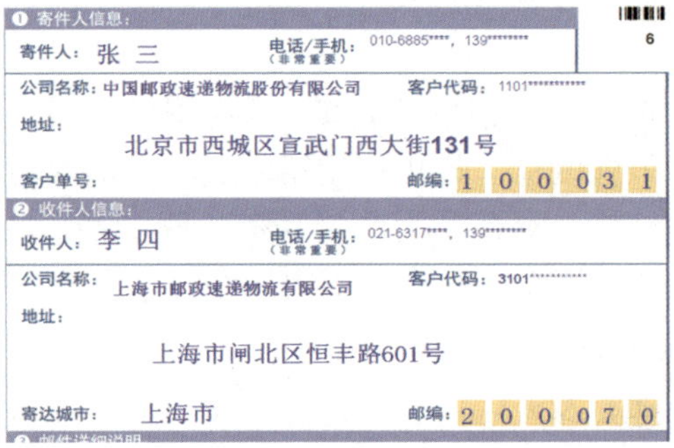
❶ 寄件人信息：
寄件人：张 三　　电话/手机：010-6885****，139********（非常重要）
公司名称：中国邮政速递物流股份有限公司　　客户代码：1101***********
地址：北京市西城区宣武门西大街131号
客户单号：　　邮编：1 0 0 0 3 1
❷ 收件人信息：
收件人：李 四　　电话/手机：021-6317****，139********（非常重要）
公司名称：上海市邮政速递物流有限公司　　客户代码：3101***********
地址：上海市闸北区恒丰路601号
寄达城市：上海市　　邮编：2 0 0 0 7 0

图 6-16　寄件人信息和收件人信息

（1）寄件人、收件人为“自然人”的，“公司名称”栏可省略不填。如未填写“公司名称”，则务必详细填写寄件人、收件人的地址。

（2）寄件人、收件人为“法人”的，除填写具体的寄件人、收件人姓名外，还要将寄件单位和收件单位的全称填写清楚。

（3）寄件人、收件人姓名要填写准确，应与其有效证件上的姓名一致。不能以“王先生”“李小姐”等不完整、不明确的信息代替。

（4）寄件人、收件人地址在非直辖市的，均须按省、市、县、街道、门牌号码（楼号、单元号、楼层、房号）的顺序填写，农村地址须按省、市、县、乡、村的顺序填写。

（5）不得只填写寄件人、收件人所在单位而省略具体地址。

（6）收件人地址在直辖市的，“省”栏可省略。

（7）电话 / 手机必须填写，优先填写手机号码。固定电话号码应填写“区号 +7 或 8 位固定电话号码”。选择“妥投短信”通知业务的客户，寄件人必须填写手机号码。

（8）客户单号：自备单号或订单号，可与邮件号码绑定，便于查询。

（9）正确填写客户代码，若无法确认客户代码，则此栏可为空，不可随意填写。

（10）应填写 6 位邮政编码。要规范、准确地填写寄件人或收件人的邮政编码，如果客户实在无法提供邮政编码，则揽投员可以帮助客户填写。

（11）寄达城市就是收件人地址所在地市。

2. 邮件详细说明栏

邮件详细说明栏如图 6-17 所示。

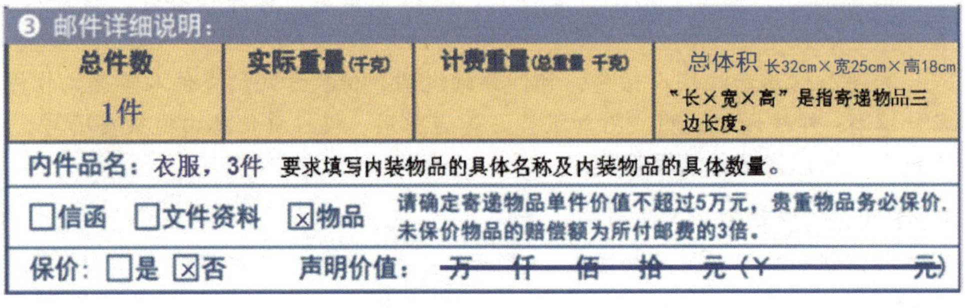
❸ 邮件详细说明：
总件数 1件 | 实际重量(千克) | 计费重量(总重量 千克) | 总体积 长32cm×宽25cm×高18cm “长×宽×高”是指寄递物品三边长度。
内件品名：衣服，3件　要求填写内装物品的具体名称及内装物品的具体数量。
☐信函　☐文件资料　☒物品　请确定寄递物品单件价值不超过5万元，贵重物品务必保价。未保价物品的赔偿额为所付邮费的3倍。
保价：☐是 ☒否　声明价值：~~万 仟 佰 拾 元（¥ 元）~~

图 6-17　邮件详细说明栏

（1）实际重量：填写寄递物品经过包装后实际称重的重量，计量单位为千克，且要具体到小数点后两位，如 1.32 千克。对于黄金、首饰等高价值物品，可以具体到小数点后三位。

（2）计费重量：国内快递业务邮件暂时仅针对长、宽、高三边中任意一个单边达到 60 厘米以上（包含 60 厘米）的邮件进行计泡操作，体积重量＝（长度×宽度×高度）÷8000，以厘米计算。要填写同一寄递物"体积重量"与"实际重量"中较大者的计费重量，计量单位为千克，且要具体到小数点后两位，如 1.32 千克。对于黄金、首饰等高价值物品，可以具体到小数点后三位。

（3）总体积：填写寄递物品包装后的"长×宽×高"三边长度，计量单位为厘米。

（4）内件品名：要清晰、规范地填写内件品名，对物品类邮件，详情单内件品名栏内必须具体、准确地填写所寄邮件的全部名称，要精确到《常见寄递物品类目表》的三级目录（部分物品可以填二级目录），不得填写"服饰""运动户外""个护化妆""手机数码""电脑办公""家有电器""汽车用品"等笼统和泛指的名称。

（5）信函、文件资料、物品：由寄件人选择后填写，勾选相应的□，勾选符号务必用 ×。

（6）保价：由寄件人选择后填写，勾选相应的□，勾选符号务必用 ×。选择保价服务的邮件，其"声明价值"要据实填写（不保价，用一字线画掉），"声明价值"是计算保价费用和出现邮件损毁后理赔的重要依据，不能估计、杜撰。金银制品等高价值物品的保价声明价值应与其提供留底的发票面额保持一致。申明价值具体到元即可。

3. 附加服务栏

附加服务栏如图 6-18 所示。

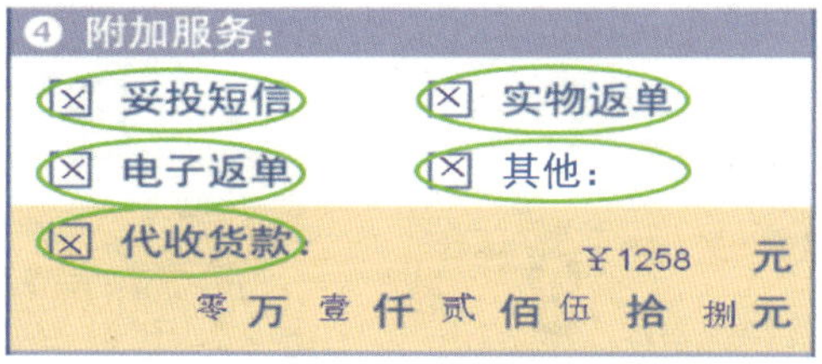

图 6-18　附加服务栏

（1）妥投短信：由寄件人选择后填写，勾选相应的□，勾选符号务必用 ×。

（2）实物返单：由寄件人选择后填写，勾选相应的□，勾选符号务必用 ×。

（3）电子返单：由寄件人选择后填写，勾选相应的□，勾选符号务必用 ×。

（4）代收货款：由寄件人选择后填写正确的金额，勾选相应的□，勾选符号务必用 ×。

（5）其他：作为备用栏，目前不用填。例如，如果今后推出"虚拟地址"的增值服务，则可以先填"虚拟地址"，再勾选相应的□，勾选符号务必用 ×。

4. 寄递费用栏

寄递费用栏如图 6-19 所示。

图 6-19　寄递费用栏

（1）邮费、费用合计：对于现结客户，必须按实际金额填写，对于月结客户，原则上应填写实收金额，视实际情况，可以不填写。计量单位为元，小数点后保留两位，精确到分。

（2）保价费、封装费、其他费用：按实际金额填写。计量单位为元，小数点后保留两位，精确到分。

（3）投递应收寄递费：仅适用于收件人付费邮件，是指收件人应支付的寄递费用合计，应与"费用合计"栏内的数字一致。计量单位为元，小数点后保留两位，精确到分。

寄送费用的数据填写规范包括数字不能错行，如不能将应填写在"费用合计"栏的数字，错误地填写在"投递应收寄递费"栏内；数字书写应规范，避免4与9、1与7、0与6、9等书写不清、难以辨识。数字书写规范如图6-20所示。

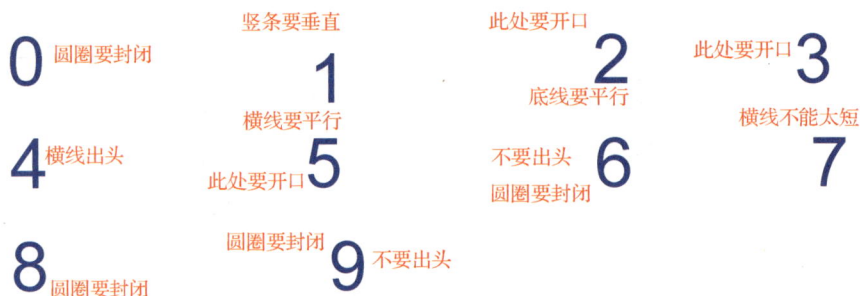

图 6-20　数字书写规范

5. 付款方式栏

付款方式栏如图 6-21 所示。

图 6-21　付款方式栏

（1）根据客户确定具体的付款方式，在相关方框内勾选，勾选符号务必用 ×。

（2）寄付现结时，应勾选"寄件人付"前的方框，并勾选"现金"前的方框。勾选符号务必用 ×。

（3）寄付月结时，应勾选"寄件人付"前的方框，并勾选"月结"前的方框。勾选符号务必用 ×。

（4）收件人付款或第三方付款时，应勾选"收件人付"或"第三方付"前的方框。勾选符号务必用 ×。

6. 揽投员信息栏

揽投员信息栏如图 6-22 所示。

图 6-22　揽投员信息栏

（1）揽投员信息：由揽收员签字、投递员签字或盖章。

（2）收寄人员、投递人员签署：揽收员有义务向寄件人说明背书条款，同时请寄件人仔细阅读背书契约条款、签字（意味着理解、同意并接受背书条款的一切内容）并写明寄件日期、时间。

7. 寄件人签署栏

寄件人签署栏如图 6-23 所示。

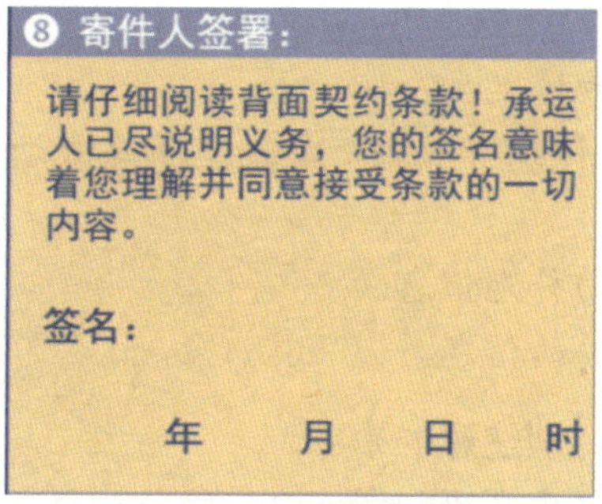

图 6-23　寄件人签署栏

（1）签名：一般应由寄件人本人或代寄交付人签署真实签名，各联一致。对于公司客户，可加盖所在公司印章，每一联均应加盖。对于无法辨认的签名，应询问客户后，在签名旁边用正楷注明，允许英文签名；收寄人员不得替代客户签名。

（2）日期：应由寄件人填写详细的寄件时间。

8. 收件人签收栏

收件人签收栏如图 6-24 所示。

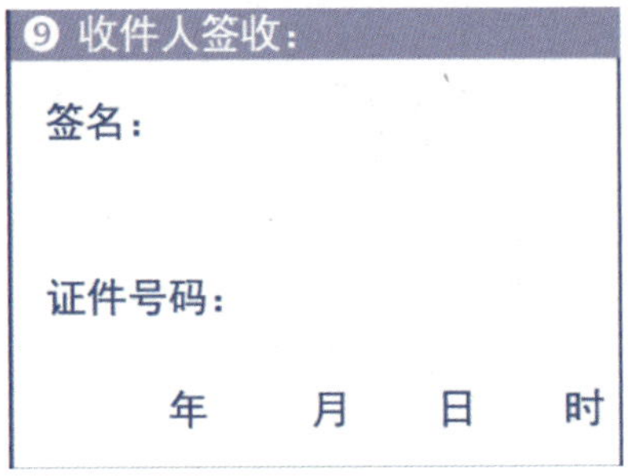

图6-24　收件人签收栏

（1）签名：投递时应由收件人本人填写。如为代收，则需注明证件号码和代收关系，如为公司盖章，则须清晰可辨。对于无法辨认的签名，应询问客户后，在签名旁边用正楷注明，允许英文签名；投递人员不得替代客户签名。

（2）日期：必须由收件人填写详细日期，且精确到小时。

9. 备注栏

备注栏如图6-25所示。

图6-25　备注栏

（1）用于填写需要说明的情况。

（2）一票多件邮件的子件编号信息，需通过手写或打印的方式，标注在详情单备注栏。

（3）填写部分附加服务的补充信息。

（4）严禁填写与业务无关的信息。

三、国内代收业务填写特别注意的事项

国内代收业务填写特别注意事项如图6-26所示。

（1）代收货款详情单必须通过计算机打印的方式填写，不得手工填写。

（2）不得对打印后的详情单进行涂改，否则视为无效。

（3）打印货款金额时，大小写金额必须保持一致。

（4）代收货款邮件金额以元结尾，不得有零数。单件国内标准快递代收货款邮件的货款金额不得超过5万元人民币。

（5）打印详情单时，应同时在寄件人栏相应位置处，清晰地打印客户代码、寄件公司名称、地址、联系电话等内容。

（6）收件人栏内必须清晰详细地打印收件人的电话、地址等信息，地址要求细化到区（县）。寄达城市要与地址相匹配（收寄时必须要录入到县（区））。

（7）如果在邮费付款方式中勾选"月结"项，则不可再勾选"收件人付"项。

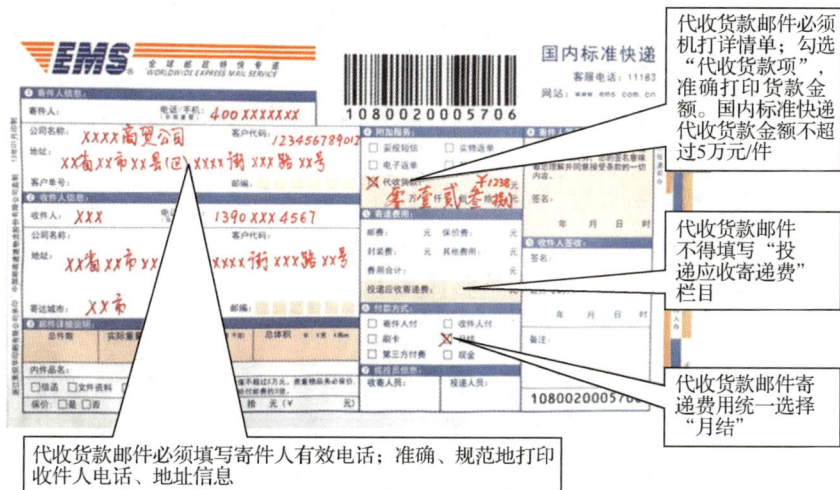

图 6-26　国内代收业务填写特别注意事项

四、国内到付业务填写特别注意的事项

国内到付业务填写特别注意事项如图 6-27 所示。

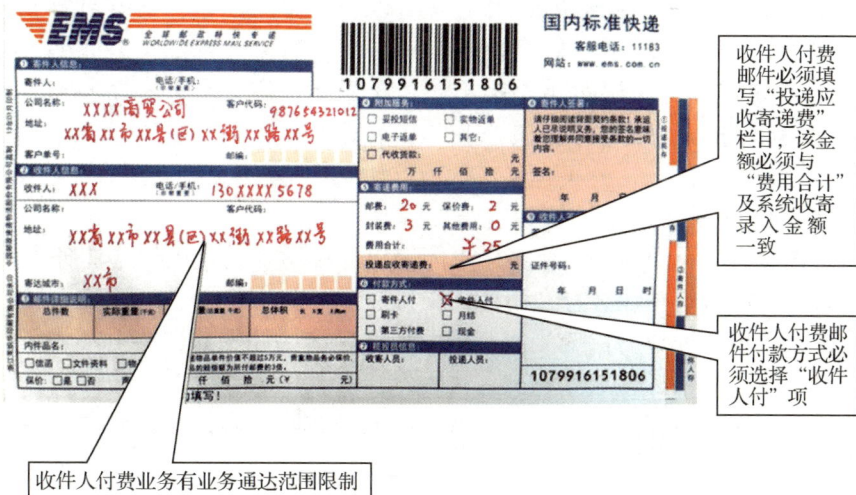

图 6-27　国内到付业务填写特别注意事项

（1）必须勾选付款方式栏中"收件人付"项，并填写"投递应收寄递费"。

（2）详情单以计算机打印为宜，不具备打印条件的，应清晰、完整、准确地逐项手工填写。

（3）在寄件人栏中打印或填写公司名称、客户代码、公司地址、联系电话等信息。

（4）在收件人栏中打印或填写收件人姓名、电话、公司名称、详细地址和寄达城市名称。

（5）在寄递费用栏中，逐项填写各项费用数值，没有数值的项目填0。"费用合计"要与"投递应收寄递费"在数值上保持一致。

（6）在付款方式栏中，必须勾选"收件人付"项。

五、详情单套打和热敏打印需注意的事项

（1）要严格按照国内详情单填写规范，对详情单套打模板设置进行审核，确保详情单内容完整、准确和规范。

（2）要按照统一的热敏标签模板，对热敏标签打印系统的设置进行审核，但打印内容也要遵循国内详情单填写规范。

（3）应避免将订单备注内容代入预制详情单。

3. 运单操作注意事项

（1）在寄件人填写快递运单前，快递业务人员应告知寄件人阅读运单背书条款，并提醒寄件人贵重物品应保价。

（2）寄件人填写快递运单时，快递业务人员应当提示寄件人如实填写快递运单，包括寄件人、收件人名址、电话等联系方式和寄递物品的名称、类别、数量等。国家邮政部门规定寄件人须出具身份证明的，快递企业应当要求寄件人出示有效身份证件，寄件人拒不如实填写快递运单、拒不按照规定出示有效身份证件的，快递企业应不予收寄。

（3）对客户已填好的运单，快递业务人员须对填写内容进行认真检查；若客户不能完成运单填写的，则快递业务人员应指导客户填写或代为客户填写，并让客户在指定的位置签名。

（4）快递运单填写完成后，应当将其牢固地粘贴在快件外的包装上，并保持快递运单的完整性。

（5）快递业务人员应将快递运单客件客户存根联或收件客户存根联留存给客户，并为客户开具票据。

> **小贴士：**
>
> 快件保价：快件保价指快递企业与客户之间共同确定以快件声明价值为基础，客户承担一定的服务费用，由快递企业承担快件在运输过程中发生的遗失、损坏、短少等的赔偿责任。
>
> 快件保险：快件保险是指客户在寄递物品之前直接对物品向保险公司购买保险，快件在从始发地至目的地的整个运输、装卸和储存的过程中发生遗失、损坏或短少时，保险公司按照承保规定给予客户赔偿。

✎ 任务准备4：熟悉快递运单粘贴操作

1. 快递运单的粘贴要求

粘贴牢固是快递运单粘贴时的最基本的要求，在粘贴牢固的前提下，还要整齐、美观。

（1）快递运单表面必须保持干净、整洁，不能折损。

（2）撕下快递运单背胶时应谨慎小心，以免损坏快递运单。

（3）信封包装快件应将快递运单粘贴在指定位置。

（4）规则包装快件应将快递运单粘贴在朝上放置时的正面表面上，尽量粘贴在左上角，并与包装边缘留有一定距离。快递运单不适宜粘贴在胶封处，以避免在物品受挤压时快递运单撕裂。

（5）圆柱形物体应将快递运单缠裹粘贴，但应保证快递运单不被覆盖；锥形物体可将快递运单粘贴在包装底部中央位置。

（6）不规则物体可根据实际情况将快递运单粘贴在包装的最大面上。

（7）在不易黏着的包装物上粘贴快递运单时应注意加固，避免在转运过程中快递运单脱落。

（8）任何情况下，快递运单条码区域都应保持干净完整且不得覆盖，以免在扫描时出错。

2. 快递运单粘贴方法

各快递企业根据自身快递运单的特殊性可采取不同的粘贴方式，不干胶快递运单直接粘贴和快递运单袋封装是其中最常见的两种方式。

（1）不干胶快递运单直接粘贴。

① 把快递运单背面的不干胶纸面撕掉。从打孔边撕贴纸比较容易，因为只有打孔边没有粘胶。

② 把快递运单左侧的打孔边粘贴到正确的位置，然后往右侧平摸快递运单，使快递运单平整地粘贴在快件表面上。

（2）快递运单袋封装。

第一种：不带不干胶。

① 把快递运单平整地装进快递运单袋内，并把快递运单袋口封好。注意，快递运单袋封口时，须赶出袋内的空气，以袋子与快递运单能贴在一起为准。

② 把装有快递运单的快递运单袋放在快件表面粘贴快递运单的位置。

③ 用透明胶纸把快递运单粘牢在快件表面。注意，为保证快递运单粘贴得牢固，透明胶纸的粘贴应呈 H 形。

第二种：不干胶透明快递运单袋。

① 把快递运单平整地装进快递运单袋内，并把快递运单袋口封好。快递运单袋封口时，须赶出袋内的空气，以快递运单袋与快递运单能贴在一起为准。

② 把快递运单袋背面的不干胶纸面撕掉。注意，从袋口处撕，因为袋口处没有粘胶。

③ 把快递运单袋左侧先贴到快递运单粘贴的位置，然后往右侧平摸快递运单袋，使快递运单平整地粘贴在快件表面上。

3. 快递运单粘贴位置

根据快件表面美观、大方的要求，以及从左到右的操作和阅读习惯，快递运单应粘贴在快件外包装上面适当位置，快递运单与快件边缘留出 5 厘米的距离为好。把快件表面的四个角落位置留出来，以备标识、随带单证的粘贴。

任务执行

步骤1：以小组为单位，完成快递详情单的填写

请根据以下业务信息，完成快递详情单（见图6-28）的手工填制。

寄件人信息：
　　寄件人：张国力
　　寄件人联系电话：1381681××××
　　寄件公司：六合科贸
　　寄件地址：苏州市工业园区东单大厦A12-08（所在地邮编：215×××）
收件人信息：
　　收件人姓名：寿巨峰
　　收件人电话：：0575-6625××××
　　收件人地址：绍兴市越城区袍江经济开发区（所在地邮编：312×××）
寄递物品信息：
　　棉质男式上衣5件，保价、客户声明价值为800元
　　重量为3.3千克，包装纸箱长、宽、高分别为60厘米、60厘米、40厘米
　　资费：40元
付款方式：寄方张国力，现金支付
日期时间：2018年5月18日16：30
寄件人签署：张国力
取件员名称：王宁
取件员工号：025
其他：原寄地代码为512AB；月结账号为5122233498；要求次日到达

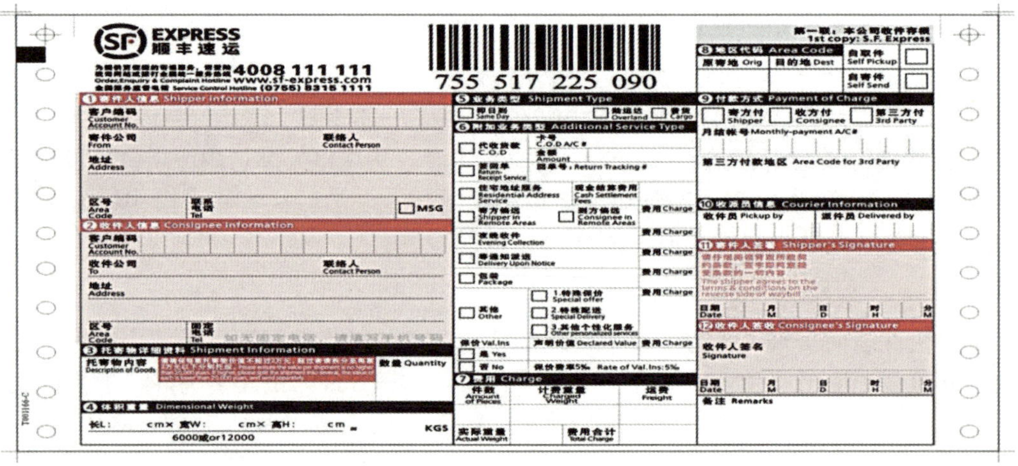

图6-28　快递详情单

步骤 2：以小组为单位分析传统快递运单和电子快递运单的特点

通过学习《快递运单》国家标准、《快递电子运单》邮政行业标准，并上网搜索资料，对以下问题做出完整、正确的回答。

（1）传统快递运单的优缺点。

（2）传统五联式快递运单各分联的用途。

（3）快递电子运单的优缺点分析。

（4）两联式和三联式电子快递运单的区别。

步骤 3：各组委派一名代表上台分享任务执行情况

各组委派一名代表上台分享任务执行情况，并分享本组任务实施的过程、经验，以及遇到的问题和相应的解决办法。

任务评价

在完成上述任务后，教师组织学生进行三方评价，并对任务执行情况进行点评。学生完成如表 6-2 所示的任务评价表的填写。

表 6-2　"体验快递运单操作"任务评价表

项　目　组		成　员				
评价标准	评价项目	分　值	自我评价（20%）	他组评价（30%）	教师评价（50%）	合　计（100%）
	正确、规范地填写快递详情单	40				
	正确评述传统快递运单和电子快递运单的特点	25				
	分享讲解详细流畅	35				
合　　　计		100				

任务三 体验快递货品包装作业

任务展示

当客户收到网购的快递包裹时往往会充满期待并且激动不已，但是当客户发现快递包裹内的物品被挤压变形或有破损时，就会感到非常失望和沮丧，从而影响客户对网购商品服务的体验和整体评价。因此，包装是快递配送中非常重要的一环，是影响快递运输质量的一个非常重要的因素。快递企业必须使用规范材料，按照规范程序封装快件，并使快件符合中转运输的要求，以确保寄递物品的安全。

快递包装一般要遵循以下四个步骤。

第一步，选择足够结实的包装箱放置物品，包装箱不应该有破口、裂缝、弯折或其他损坏。

第2步，为包裹物品选择和使用适当的缓冲材料，单独包装每个物品，并在其周围使用气垫薄膜、可循环使用的材料或疏松的泡沫填充物作为填充，物品不应直接接触运输包装箱的内壁。

第3步，使用标准宽度的压敏塑料胶带或尼龙强力胶带，牢固地封好包裹。

第4步，正确、牢固地为包裹贴上标签，标签上应包括完整的运输指导信息，确保将标签贴在包裹的顶部（应清除旧标签或划掉旧标记），并避免将标签贴在包装箱的接缝或胶带上。

（1）请扫一扫图6-29中的二维码，预习本任务的学习资料。

（2）通过本任务的学习和小组讨论和协作，请为不同类型的快递物品选择并设计包装方案。

图6-29 本任务学习资料

任务准备

任务准备1：理解包装与快递包装概念

国家标准《物流术语》（GB/T 18354—2006）中，对包装（package/packaging）的定义是"为了在流通过程中保护产品、方便储运、促进销售，按一定技术方法而采用的容器、材料及辅助物等的总体名称。也指为了达到上述目的而采用容器、材料和辅助物的过程中施加一定技术方法等的操作活动"。此外，国家标准《物流术语》（GB/T 18354—2006）中，相对于"销售包装"（sales package，又称内包装，是直接接触商品并随商品进入零售网点和消费者或用户直接见面的包装）"而言，还对"运输包装"（transport package）做了定义："以满足运输贮存要求为主要目的的包装。它具有保障产品的运输安全，方便装卸，加速交接、点验等作用。"

总地来讲，运输包装主要有两个功能：一是保护产品价值；二是便于物流操作。一方面，运输包装应对物品在流通过程中加以保护，使其无论遇到何种外来影响（外力作用或自然条件）均不受破坏、变质或损失，从而保证其安全到达目的地，并保护物品的原有价值；另一方面，运输包装为物流作业提供了便利的条件，把物品按照一定的数量、形状、规格、大小集合成一个货物单元，便于搬运、装卸、储存及信息化管理。此外，运输包装还有利于物品的分配调拨、清点和计算，加速了物品的周转流通，提高了物品流通的经济效益和社会效益。

快递包装作为运输包装中一个细分的领域，是在电商交易完成后至货品交付客户前，在仓储、运输、配送中使用的包装产品和服务。快递包装与传统意义上运输包装的区别在于其着重体现运输包装的功能的同时，还在传播电商企业品牌文化、提升商品附加价值和增强用户良好体验等方面起着重要作用。

任务准备 2：认识快递包装的功能

1. 快递包装的基本功能

保护功能毋庸置疑是快递包装最重要、最基本的功能。它必须保证快递货品在运送过程中免受损害与影响，以便将货品完好无损地送到客户手中。因此，结合货品材质、结构、造型等因素，通常需要考虑以下几个方面的快递包装要求。

（1）防震动、防挤压。
（2）防挥发或渗漏。
（3）防光照射。
（4）防冷热。
（5）防潮湿。

此外，快递包装在快递服务流程中还起着方便处理的作用。因此，快递包装应根据其特点，考虑运用方便合理的包装结构、包装尺寸、质量形状，以便于物流作业的运输、搬运、装卸、配送等操作。

2. 电商环境中快递包装功能的新变化与新特点

与传统的货品包装相比较，电商环境中快递包装在功能方面有以下几个新的变化和新的特点。

（1）相对于销售包装，电商环境中的快递包装的货品保护功能加强了，促销功能减弱了。
（2）相对于传统运输包装，电商环境中的快递包装同时强调品牌塑造和推广功能。
（3）着眼于环保，增加了回收、再利用功能。

任务准备 3：了解快递包装的原则与要求

1. 国家邮政局《快递业务操作指导规范》对快递包装规定

封装快递货品时，应当使用符合国家标准和行业标准的快递封装用品。封装时应充分考虑安全因素，防止快递货品变形、破裂、损坏、变质；防止快件伤害用户、快递业务员或其他人；防止快递货品污染或损毁其他货品。

封装快递货品时，单件重量应不超过 50 千克，任何一边的最大长度不超过 150 厘米，

133

长、宽、高三边长度之和不超过300厘米。

信件封装应使用专用封套，不得打包后作为包裹寄递。封装包裹时应综合考虑寄递物品的性质、状态、体积、重量、路程和运输方式等因素，选用适当的材料妥为包装。印刷品应平直封装，不得卷寄。

2. 行业通用快递包装的原则与注意事项

（1）快递包装的原则。

① 适合运输原则。快递货品的包装应坚固、完好，能够防止在运输过程中发生包装破裂、内物漏出、散失；能够防止因摆放、摩擦、震荡或因气压、气温变化而引起快递货品的损坏或变质；能够防止伤害操作人员或污染运输设备、地面设备及其他物品。

② 便于装卸原则。包装材料除应适合快递货品的性质、状态和重量外，还要整洁、干燥、没有异味和油渍；包装外表面不能有凸出的钉、钩等，要便于搬运、装卸和摆放。

③ 适度包装原则。根据快递货品尺寸、重量和运输特性选择合适的外包装及填充物，不足包装和过度包装都不可取。不足包装容易造成快递货品损坏，过度包装容易造成包装材料的浪费。

（2）快递包装的注意事项。

① 禁止使用一切报刊类物品作为快递货品的外包装，如报纸、海报、书刊、杂志等，严禁使用各种有色垃圾袋和容易破损、较薄的类似垃圾袋的包装物。

② 对于价值较高的快递货品，建议客户使用保险或保价服务，同时建议客户采用包装箱进行包装，包装时应使用缓冲材料。快递收件人员在收件时应与客户当面清点快递货品并封箱。

③ 捆扎件包装操作时，一票多件的进出口快递货品由于海关限制，严禁寄递物品多件捆扎寄递，必须按照一票多件的操作规范进行操作。国内互寄的一票多件快递货品，单票重量不应超过1千克且每件快递货品外包装形状相同。体积最大的快递货品一侧面积小于运单的，可以多件捆扎寄递，同时必须在连体快递货品上批注运单号码，并将连体快递货品捆扎牢固。凡两件或两件以上的快递货品合装时，必须要用打包带加固。

④ 对于重复利用的旧包装材料，必须清除原有运单及其他特殊的快件标记后方可使用，以避免因旧包装上的内容而影响快递货品的流转。

⑤ 用透明胶带加固时，须用裁纸刀或剪刀等工具裁断透明胶带，不应用牙咬断胶带。

3. 快递包装的环保要求

（1）绿色化。

绿色化是指材料本身节能环保。快递企业应该从包装材料着手，选择新型环保的、天然的、可降解的封装材料，以减少快递包装对人体的危害和对环境的污染。

（2）轻量化。

轻量化是指充分节省包装材料。在满足快递货品安全寄递要求的前提下，快递企业应以最小的包装体积、最少的包装材料、采用简单适度的包装实现对快递货品的包装防护，从而降低生产成本，并减少对资源的浪费和对环境的污染。

（3）可循环。

可循环是指流程上的重复利用。快递企业应充分考虑并重视快递封装用品的二次或多次重复利用，倡导快递封装用品的回收与再利用，促进资源节约。

任务准备 4：熟悉快递包装主要组成部分和材料选择

快递包装包括外层包装、内包装和快递运单三个主要组成部分。

1. 外层包装

外层包装是快递包装最重要的组成部分，主要作用是保护和承载所寄货品，防止货品变形、破损、污染等，目前最常用的外包装有纸袋、纸箱、塑料袋、塑料编织袋、木箱等。

（1）纸袋。

快递专用的纸袋（见图 6-30、图 6-31）是由灰底白板纸胶印而成的。白板纸由于纤维组织比较均匀，表面层具有填料与胶料的成分，而且表面涂有一定的涂料，并经过压光处理，所以其质地比较紧密，厚薄也比较均匀。白板纸的纸面一般情况下都比较洁白而平滑，具有较均匀的吸墨性，表面脱粉与掉毛现象较少，纸质较强韧且具有较好的耐折度，因此可以在寄送文件、发票等的过程中保持文件、发票在运输途中平整、不起折痕。

图 6-30　快递专用的纸袋（1）

图 6-31　快递专用的纸袋（2）

（2）纸箱。

快递专用的纸箱（见图 6-32、图 6-33）主要是由瓦楞纸板制成的，一般分为单瓦楞纸板和双瓦楞纸板两类。

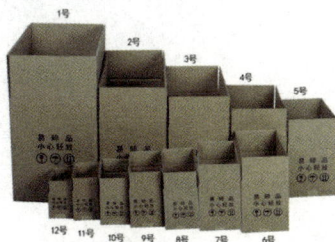

图 6-32　快递专用的纸箱（1）

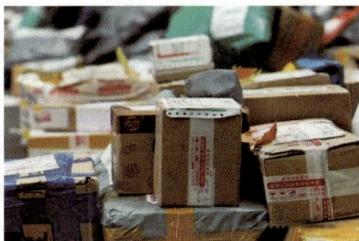

图 6-33　快递专用的纸箱（2）

（3）塑料袋。

快递外包装塑料袋（见图 6-34、图 6-35）的材质一般为 PE 塑料回料，它本质上与聚乙烯薄膜一样都为聚乙烯材料，但 PE 塑料回料是由各种聚乙烯材料经过回收、重新加工、再添加一些填料制作而成的。

图 6-34　快递外包装塑料袋（1）

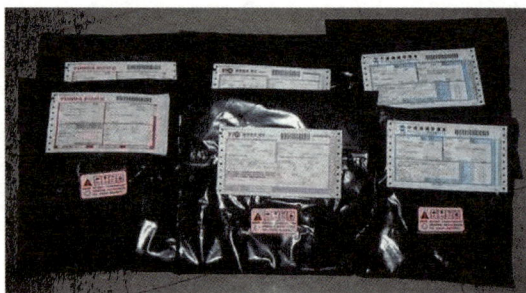

图 6-35　快递外包装塑料袋（2）

（4）塑料编织袋。

快递用塑料编织袋（见图 6-36、图 6-37）一般采用聚丙烯作为主要原料，经挤出、拉伸成扁丝，再经织造、编制、制袋而成。这种袋子可以运送一些较大的货物，如棉被等软织类货物，这类货物对货物的防摔打系数要求不太高。

图 6-36　快递用塑料编织袋（1）

图 6-37　快递用塑料编织袋（2）

（5）木箱。

快递用木箱（见图 6-38、图 6-39）一般采用胶合板钉装，通常用于递运一些大型货物，或者对防摔打系数要求比较高的货物。

图 6-38　快递用木箱（1）

图 6-39　快递用木箱（2）

2. 内包装

合格的内包装可以保护快递货品在运输期间免受冲撞及震动，通常有多种内包装材料可供选择。

（1）瓦楞纸衬板。

瓦楞纸衬板（见图6-40、图6-41）是目前最流行的内部包装形式，通常利用瓦楞纸板通过彼此交叉形成一个网状结构，在尺寸上与外包装纸箱相匹配。通常在箱底添加一层瓦楞纸隔板，以增强缓冲性能。由于其制作材料是瓦楞纸，与瓦楞纸箱材料一致，所以利于统一回收，符合环保需求，成本也很低。

图6-40 瓦楞纸衬板（1）

图6-41 瓦楞纸衬板（2）

（2）发泡塑料及其替代品。

作为传统的缓冲包装材料，发泡塑料（见图6-42）具有良好的缓冲性能和吸震性能，有重量轻、保护性能好、适应性广等优势。由于传统的发泡塑料使用会破坏大气臭氧层的氟利昂作为发泡剂，加上废弃的泡沫塑料体积大，回收困难等原因，所以发泡塑料逐渐被其他环保缓冲材料所替代。目前，发泡塑料的主要替代品有发泡PP（见图6-43）、蜂窝纸板（见图6-44）及纸浆模塑产品（见图6-45）等。

图6-42 发泡塑料

图6-43 发泡PP

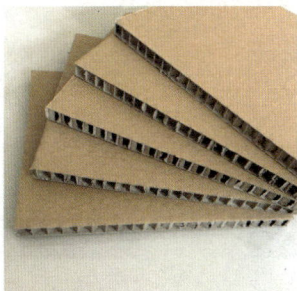

图6-44 蜂窝纸板

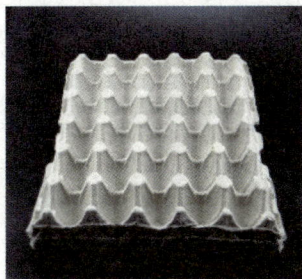

图6-45 纸浆模塑产品

（3）气垫薄膜。

气垫薄膜也称气泡薄膜（见图6-46、图6-47），制作的方法是在两层塑料薄膜之间采用特殊的方法封入空气，使薄膜之间连续、均匀地形成气泡。气泡有圆形、半圆形、钟罩形等形状。

图6-46　气垫薄膜（1）

图6-47　气垫薄膜（2）

（4）现场发泡。

现场发泡（见图6-48、图6-49）主要是利用聚氨酯泡沫塑料制品，在内容物旁边扩张并形成保护模型，特别适用于小批量、不规则货品的包装。

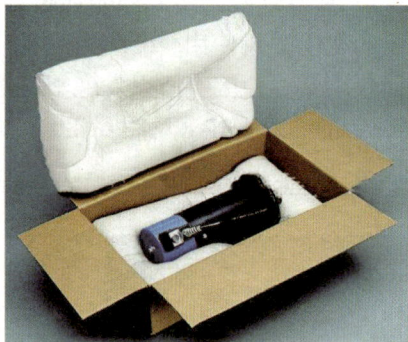

图6-48　现场发泡（1）

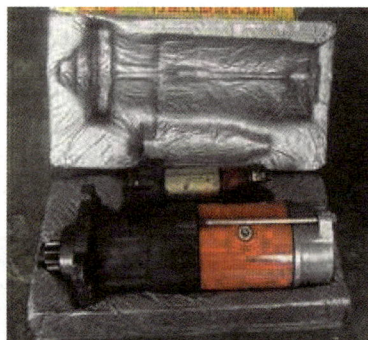

图6-49　现场发泡（2）

（5）填料。

填料是指在包装容器中填充各种软制材料作为缓冲包装，材料有废纸、植物纤维（见图6-50）、发泡塑料球（见图6-51、图6-52）等很多种。这种方法曾经被广泛采用，但是由于填充料难以充满容器，对内装物的固定性能较差，而且包装废弃后，不便回收再利用，因此，目前这一包装形式已趋于衰退。

图6-50　植物纤维

图6-51　发泡塑料球（1）

图6-52　发泡塑料球（2）

3. 快递运单

快递运单的作用主要是为了显示所运载货物的相关信息，并可作为运输合同和签收凭据。快递运单的所用材料一般是无碳纸材料，这种纸从外表看与普通纸并无两样，但它却具有复写功能，可以产生与蓝色复写纸相同的效果，并且不会弄脏手指和衣物，方便卫生，又便于人们在签收货物时直接在最上面一层写字，直接复写到下面的联单上。

📝 任务准备5：认识快递包装的步骤、方法和方案

1. 快递包装的四个步骤

美观大方、细致入微的快递包装不仅能够保护货品安全到达，而且还能够赢得买家对卖家的信任。通常，快递包装应遵循以下四个步骤。

（1）选择足够结实的包装箱放置物品，包装箱不应该有破口、裂缝、弯折或其他损坏。

（2）为包裹货品选择和使用适当的缓冲材料，单独包装每个货品，并在其周围使用气垫薄膜、可循环使用的材料或疏松的泡沫填充物，货品不应直接接触运输包装箱的内壁。

（3）使用标准宽度的压敏塑料胶带或尼龙强力胶带，牢固地封好包裹。

（4）为包裹贴上标签，标签上应包括完整的运输指导信息；确保将标签贴在包裹的顶部，并清除旧标签或旧标记；确保标签牢固地粘贴在包裹上，并避免将其粘贴在包装箱的接缝或胶带上。

2. 常用的快递封装方法

（1）单盒包装法。

不规则物品建议使用单盒包装法（见图6-53），使用坚固的外包装箱运送软性货品等非易碎货品；使用填充物，如弄皱的报纸、松散填充颗粒或多气孔填充物来填充箱内的剩余空间，避免货品在运送途中在箱内移动；容易受灰尘、水浸或潮湿环境影响而变质的货品要放进塑料袋。颗粒状易散的小件货品必须首先整理并放在粗麻袋或塑料袋等封闭完好的容器中，再放进坚固的外包装箱。

图6-53 单盒包装法

（2）箱套箱包装方法。

箱套箱包装方法（见图6-54）是指在瓦楞包装箱内填进至少5厘米厚的多气孔填充

物或泡沫塑料包好每件货品；在箱内放置弄皱的报纸、松散填充颗粒或其他填充物，以限制货品移动；使用 H 形封箱法（见图 6-55）时使用胶纸密封内箱，以防止箱子意外打开；使用较内盒长、宽及深至少多出 15 厘米的盒子为第二层包装箱；可选用多气孔填充物、松散填充颗粒或其他填充物填满内盒与外盒间的顶层、底层及四周剩余空间；最后再使用 H 形封箱法密封外层包装箱。

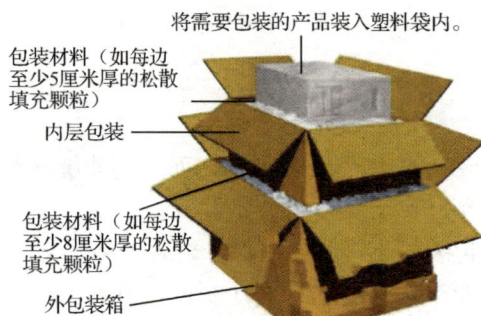

图 6-54　箱套箱包装方法

图 6-55　H 形封箱法

3. 正确选择快递货品包装方案

（1）易碎货品。

运输易碎货品对快递企业来说一直是一项严苛的挑战，这对快递包装提出了更高的要求。为优化升级服务，全面保障货品运输时效，很多快递企业都推行一系列易碎品实施方案，其目的是为了对酒类、陶瓷类、大理石类、玻璃类（仪表、净玻璃仪器除外）、易碎食品、工艺品等易碎品货品进行规范运输，重点在于防震动、防挤压、防撞击。易碎货品必须使用快递企业特制的易碎品标签，必须标注向上箭头（↑）或粘贴向上指示标签。

易碎货品快递包装规范如表 6-3 所示。

表 6-3　易碎货品快递包装规范

类　别	包 装 材 料
酒类	木箱、木托、木架、纸箱、珍珠棉、气垫薄膜、缠绕膜、气柱袋、泡沫、废棉布、标签（易碎标签、勿压标签、向上指示标签）
玻璃装、陶瓷装、陶坛装、纸箱装	
陶瓷制品	木箱、木架、纸箱、泡沫、珍珠棉、废棉布
	标签（易碎标签、勿压标签、向上指示标签）
大理石类	木架、纸箱、纸皮、泡沫、珍珠棉、废棉布
	标签（易碎标签、勿压标签、向上指示标签）
玻璃类	木架、纸箱、泡沫、珍珠棉、废棉布
	标签（易碎标签、勿压标签、向上指示标签）

（2）衣服、皮包、鞋子类货品。

对于鞋子，最常规的就是鞋盒包装，打包时在纸盒外面加个气泡袋即可，这样可以防摔。

对于衣服、皮包，这类货品出厂后一般都有自己的包装，如一些透明塑料袋等，快递时建议内包装选择原包装，外包装选择纸箱，大型硬包装外一定要粘贴防压标志。

（3）首饰类货品。

首饰类货品内包装适宜使用首饰袋或首饰盒，精美的首饰盒和首饰袋更能彰显货品的品质，体现货品档次和价值。外包装也建议使用纸箱包装。

（4）液体类货品。

寄液体类货品时，首先用棉花裹好，再用胶带缠好。在密封包裹时一定要密封好割口处，可以用透明胶带使劲绕几圈，然后再用棉花整个包住，可以包得厚一点，最后再包一层塑料袋。

（5）书刊类货品。

书刊类货品通常都使用牛皮纸包装，1千克以上要打"井"字绳，四周要用胶带粘贴好。

（6）电子类货品。

贵重的精密电子类货品包括电话、手机、计算机屏幕等。在对这类怕震动的货品进行包装时，可以首先使用泡绵、气垫薄膜、防静电包装袋等包装材料把货品包装好，再用瓦楞纸在货品边角或容易磨损的地方加强包装保护。

任务准备 6：实现快递包装的绿色化

根据国家邮政局发布的数据显示，2018年上半年，全国快递业务量保持高速增长，累计完成快递220.8亿件，超过我国2015年全年快递业务量。但值得注意的是，面对快递业的快速发展和快递量的急剧增加，相应的快递包装的绿色化却相对滞后。在我国特大城市中，快递包装垃圾增量已占到生活垃圾增量的93%，部分大型城市则为85%至90%。可以说，快递包装垃圾污染、资源浪费已到了令人触目惊心的程度（见图6-56），而这一问题背后反映出的正是快递包装过度、循环利用率低等普遍存在的现象。

图 6-56 快递包装垃圾污染令人触目惊心

让快递包装"绿"起来，是秉承绿色发展理念、践行绿色发展方式的重要体现。随着电商包裹在我国快递配送中所占比例越来越大，发展绿色快递已经成为政策层面关注的重点。2018年2月7日修订的《快递封装用品》系列国家标准已正式施行，该系列标准提倡利用低污染、低消耗、低排放的绿色环保封装用品。2019年1月1日我国颁布施行的《电商法》更重申"快递物流服务提供者应当按照规定使用环保包装材料，实现包装材料的减量化和再利用""支持、推动绿色包装、仓储、运输，促进电商绿色发展"。让快递包装"绿"起来，不仅是电商平台及快递企业的责任，更是全社会必须应对的一大课题。

从长远来看，绿色化、减量化、可循环，是快递业"包装革命"的大势所趋。

图6-57　用干草压制而成的鸡蛋包装

其中，绿色化要求的是当快递包装不能被回收循环利用时，包装材料本身是环保的、天然的、可降解的，这样就能很大程度上减少环境的污染，有利于包装材料的可持续发展。目前已有企业着手探索并研发了生物基快递袋、全生物降解快递袋等，但尚待推广普及。如图6-57所示，是波兰设计师MajaSzcypek设计的使用干草压制而成的鸡蛋包装，它采用了比传统纸盒更可持续的材质，从而降低了成本且更容易生产。

可循环是指在设计快递包装时应考虑包装可以被再利用的问题，一方面可以建立快递包装回收利用系统，把快递包装作为一种可回收的材料去处理；另一方面，可在包装的可重复使用方面想办法，使已经完成"包装"使命的快递包装能够重新以其他形式融入消费者的生活中，从而减少某些特定功能产品的使用、购买和生产，从另外一个层面减少对整体资源的消耗。如图6-58、图6-59所示，2017年"双十一"期间，各大知名电商企业推出共享快递盒、循环快递袋，实现了快递包装的循环利用。

图6-58　共享快递盒

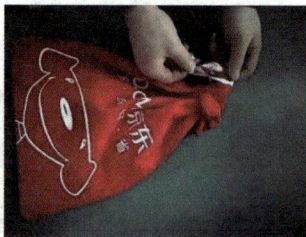

图6-59　循环快递袋

减量化是指充分节省包装材料。通过对快递包装的结构、造型和材料进行优化设计，以减少包装材料的用量，采用轻量化、简单适度的包装，以减少对资源的浪费和环境的污染。例如，从前快递箱普遍使用纸质快递单，如果全行业推行电子快递单，那么一年就可以节省200亿张纸质快递单。

如图6-60所示是彪马的环保包装盒，由一块纸板和一个布袋构成。它去掉了传统鞋盒的顶盖和底部，只保留了四个侧

图6-60　彪马的环保包装盒

面作为支撑骨架，然后用袋子一套，并将袋子的拎手穿过侧面预留的孔洞。这样既节省了纸板用料，也不需要另外给消费者提供装鞋盒的袋子。

目前，不少快递企业及其相关联企业已经开展了绿色包装的应用工作。这些成熟的做法和经验都是值得借鉴和推广的。

例如，有的快递企业推行胶带"瘦身计划"，在不影响快件包装效果和美观程度的前提下，将胶带的宽度缩减了25%以上，据估算，这样做每年至少能够减少1亿米胶带的用量；有的快递企业成立了包装实验室，对包装填充物进行减量化设计，研发的冷链EPP循环保温箱可重复使用250次以上，大大减少了一次性耗材的使用。

同时，电商平台也在进行积极的探索。有的平台推出绿色包裹专区和绿色包裹专场活动，鼓励和支持商家使用可生物降解的快递袋和免胶带纸箱；同时实施纸箱回收项目，引导消费者重复利用快递纸箱，消费者在选购这些绿色包装物或重复利用包装箱后，可获得一定的积分奖励，积攒到一定分值后，电商平台可为消费者在西部地区以个人名义种植一棵树。从电商平台提供的数来看，仅2017年"双十一"期间，这项活动就种植了超过10万棵的树木。还有的电商平台推出可折叠的塑料快递盒，代替了常用的瓦楞纸箱，这种塑料快递盒可重复使用一千次以上，大幅减少了纸质材料的使用，同时也提高了运载空间的利用效率。

任务执行

步骤1：请根据以下材料，以小组为单位完成樱桃番茄的快递包装方案的设计，并模拟快递包装的全过程。

樱桃番茄快递包装

目前，果蔬在储运过程中的损伤问题越来越被人们所关注，减少果蔬在储运过程中的损伤是现代农业技术的重要研究课题之一。针对果蔬在运输时出现软化并产生累积损伤的现象，我们需要做出相应的快递运输包装设计。

果蔬的生产存在较强的季节性和区域性，因而果蔬储运问题不可回避。樱桃番茄既是蔬菜又是水果，它无核、味清甜、口感好、营养价值高。樱桃番茄中含有谷胱甘肽和番茄红素等特殊物质，可促进人体的生长发育，增加人体抵抗力，延缓人的衰老，被联合国粮农组织列为优先推广的四大果蔬之一。

运输中的冲击和震动是引起包装件破损的主要原因。由于果蔬包装件在储运过程中受到冲击、震动、跌落、摇摆、静压力等多种因素的影响，所以容易导致果蔬受到摩擦、挤压而出现裂纹、挤扁等破损现象。机械损伤是果蔬损坏的主要原因，也是微生物的入侵之门，是导致果蔬霉烂的最主要原因。机械损伤会使果蔬迅速腐败变质，增加损耗，若储藏期较长，则已腐败的果蔬还会危及与其相接触的其他好的果蔬，严重地制约了果蔬的储运和销售。

为了减少樱桃番茄在储运过程中受到损伤，需要实施各种适度的缓冲包装，以确保快递运输的安全，降低流通销售成本。

1. 经过学习和讨论，请以小组为单位分享和展示樱桃番茄快递包装设计方案，并详细说明设计依据。

2. 请模拟樱桃番茄装箱、封装直至装车的全过程，详述小组在此过程中的经验、发现的问题及解决的方法。

📌 **步骤2：通过网上资料搜索，以小组为单位了解、总结国内外在快递包装环保化方面的先进的经验。**

在快递包装环保化方面，大多数国家运用政策法规和技术标准对快递包装做出统一的规定和要求。请结合所学，通过在网上搜索资料，以小组为单位，总结如何让快递包装做到绿色环保，并详述国内外在快递包装环保化方面的先进经验与先进技术。

📀 任务评价

在完成上述任务后，教师组织学生进行三方评价，并对任务执行情况进行点评。学生完成如表 6-4 所示的任务评价表的填写。

表 6-4 "体验快递物品包装作业"任务评价表

项 目 组		成 员				
评价标准	评价项目	分 值	自我评价（20%）	他组评价（30%）	教师评价（50%）	合 计（100%）
	能够科学合理地设计樱桃番茄快递包装	40				
	能够全面了解并总结国内外在快递包装环保化方面的先进经验与先进技术	25				
	分享讲解详细流畅	35				
合 计		100				

任务四　体验快递货品收派作业

任务展示

2021 年天猫"双十一"活动继续稳健增长，11 月 11 日全天交易额高达 5403 亿元。相比去年的 4982 亿元增加了 421 亿元；当天全国共揽收快递包裹 6.96 亿件，是日常处理量的 2.3 倍。这一天的"买买买"后，"快递小哥"开始奔走在大街小巷，开启了"送送送"的模式。

快递员的工作主要围绕收件和派件展开，服务和效率是他们工作中的两个关键词。通常，电商的商家最注重的就是快递的发货时间和到货时间，因为这会关乎买家网购的售后服务体验，从而直接影响买家对商品和服务的综合评价。

通常，在"双十一"期间，快递员每天会加班两到三个小时，人均每天派送量也会高达 200 件左右，是平时的两到三倍。那么，快递员是怎样将包裹从发货人手里送到收货人手中的呢？

（1）请扫一扫图 6-61 中的二维码，预习本任务的学习资料。

（2）通过本任务的学习，以及小组讨论和协作，了解快递物品收派件业务流程。

图 6-61　本任务学习资料

任务准备

任务准备 1：了解快递货品收寄业务的相关概念和方式

快件收寄是快递服务的首要环节，是指快递企业在获得订单后，从客户处收取快递货品的全过程。快递货品收寄的主要工作包括验视快件、指导客户填写运单和包装快递货品、计费称重、快递货品运回、交件、交单等环节。快递货品收寄分为上门揽收和网点收寄两种方式。

上门揽收指的是业务员接收到客户的寄件需求信息后，在约定的时间内到达客户处收取快递货品，并在约定时间内，将快件统一带回快递企业的收寄处理点，完成运单（详情单）、快件、款项交接的全过程。

网点收寄指的是客户主动到达快递企业的收寄处理点寄递快递货品，由收寄处理点的业务员接收、查验客户需要寄递的快递货品，并在指导客户完成快件包装和运单填写后，完成运单（详情单）、快递货品、款项交接的全过程。

任务准备 2：熟悉快递货品收寄业务的流程与操作规范

很多人都发过快递，感觉快递员收寄快递货品的过程很迅速，通常在几分钟内就可以完成全部收寄工作。但是，实际上快递货品的收寄有非常规范的业务流程和操作规范要求，那么，快递员是怎样完成收寄任务的呢？

由于上门揽收比起网点收寄所涉及工作环节更多，所以更能体现快递收寄业务的完整过程。下面便以上门揽收为例，详细讲解快递员的收寄工作。

快递上门揽收业务流程共分为15个操作步骤，如图6-62所示。

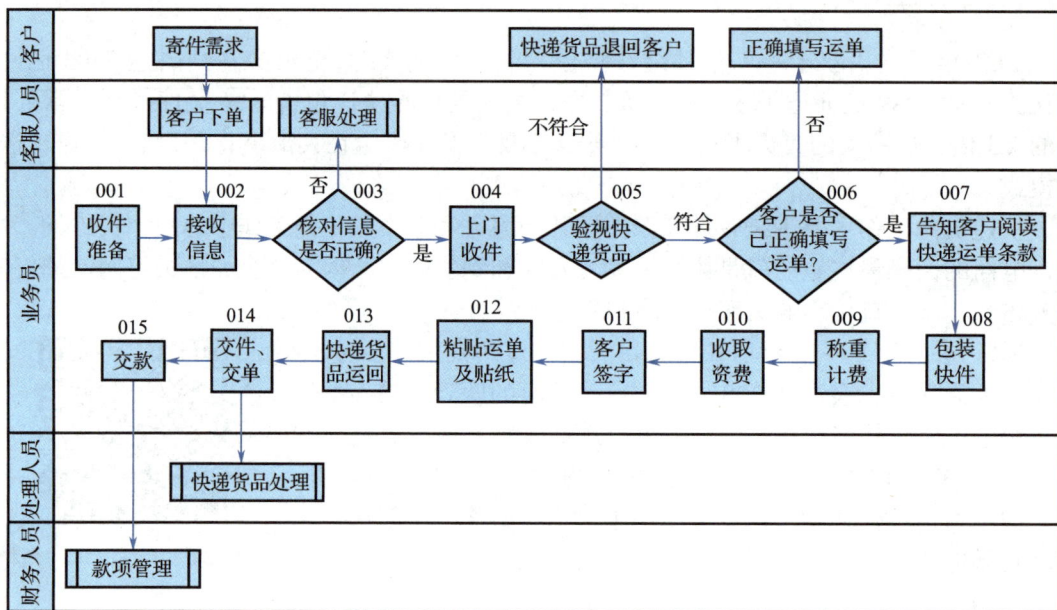

图6-62　上门揽收业务流程

快递上门揽收业务的主要工作环节与操作规范如下。

1. 业务受理

快递企业应当提供电话、网站等多种方式接收寄件人的寄件要求。

快递企业网点工作人员根据客户来电、系统下单等方式所提供的快递货品信息，初步确认是否可以收寄。对于可以收寄的快递货品则通知业务员上门取件，对于不能收寄的快递货品，则必须告知客户不予收寄的理由。

2. 上门取件

业务员对于初步确认可以揽收的快递货品在约定的时间内提供上门取件服务。一般宜在接单后两小时内取件。

（1）工作准备。

① 确保通信工具、交通工具的工作状态良好。

② 确认运单、封装物、胶带、电子秤、工具刀等，以及价目表、宣传册、发票等物料、票据准备齐全。

③ 确认工作证件、驾驶证件、车辆证件携带齐全。

④ 保证个人仪容仪表，调整好工作状态。

⑤ 熟知最新的公司业务动态。

⑥ 至客户处要确保交通工具停放妥当，不违章、不影响他人。

⑦ 妥善放置已揽收快递货品。

⑧ 进门前应首先整理好个人仪表，主动向客户表明身份，并出示证件，说明来意。

（2）快递货品核查。

① 确认客户寄递的快递货品在本快递企业网络派送区域之内，对不在派送服务区域内的快递货品可向客户提供解决方案或不予收寄。

② 严格按照《快递寄递物品安全管理办法》的要求对快递货品验视，若属于禁寄物品或限寄物品，则不予收寄，若发现违反国家法律法规的物品，则必须及时向本快递企业及国家相关部门报告。

（3）快递货品包装。

业务员应指导或协助客户使用规范的包装物料和充填物品包装快件，使快递货品符合中转运输的要求，确保寄递物品安全。

封装快递货品时，单件重量应不超过 50 千克，任何一边的最大长度不超过 150 厘米，长、宽、高三边长度之和不超过 300 厘米。

（4）运单填写及称重收费。

① 业务员应告知客户阅读运单背书条款，并提醒客户对贵重物品进行保价。

② 对客户已填好的运单的填写内容进行检查；若客户未填写运单，则应指导客户填写或代为客户填写，并让客户在指定的位置签名。

③ 对包装完好的快递货品进行称重，计算快递货品资费，并将计费重量及资费分别填写在运单的相应位置。

④ 确认快件资费的支付人员和支付方式，并在运单指定的位置注明。

⑤ 将填写好的运单、标志等规范粘贴在快递货品的合适位置。

⑥ 提醒客户确认完整填写的运单，并使用正楷字在客户签字栏签署全名（业务员不得代签或伪造客户签名），确认快递货品交给快递企业。

⑦ 将快递运单的寄件客户存根联留存给客户，并为客户开具票据。

⑧ 对已揽收的快递货品做信息采集，并上传至系统。

3. 快递货品入仓

业务员应在规定的时间内将已揽收的快递货品运回收寄处理点（取件后，宜在三小时内将快递货品送交快递收寄处理点）。

复查快递货品包装和快递运单（快递企业收件存根联）内容，确认无问题后连同当天收取的款项一起交给收寄处理点的相关工作人员。

对客户在网点交寄的快递货品，可参照以上业务流程与操作规范处理。

✎ 任务准备 3：了解常见收件异常情况处理办法

1. 大件货品的处理办法

（1）未超出自身运载能力，可收取的大件。

① 在征得客户同意的情况下，并且客户在"寄件人签署或盖章"栏签名后，可将快递货品带回营业部称重并计算运费。

② 在当班班次仓管员停止收件入仓前通知客户快件重量及运费，客户确认快件可寄出后，方可与仓管员进行交接，并在一个工作日内将客户寄件存根联送回寄件客户处。

③ 如寄付现结，则应在送客户寄件存根联的同时，向客户收取或退还运费差额。

（2）超出自身运载能力，但未超出收寄范围的大件。

向客户说明情况并致歉表明暂时无法收寄，在手持终端上备案，由网点部负责人协调处理。

（3）超出收寄范围（超大或超重）的快递货品，应向客户说明情况并致歉说明无法收寄，同时立即在手持终端上备案。

2. 托寄货品无法确定性质或价值的处理办法

（1）业务员应与客户解释清楚，并请客户提供货品的有效证明资料。

① 客户出示资料，若确认托寄货品符合收寄要求，则正常收寄快递货品。

② 客户出示资料，若确认托寄货品不符合收寄要求，或者无法确定托寄货品的性质或价值，则需向客户说明情况并致歉说明无法收寄。

（2）若客户拒绝出示资料或无证明资料，则需向客户说明情况并致歉说明无法收寄；若确认无法收寄此快递货品时，则应立即在手持终端上备案。

3. 客户拒绝接受检查托寄货品的处理办法

当客户拒绝查验托寄货品时，业务员应耐心向客户解释，并礼貌地告知检查托寄货品的原因及不予受理收寄的货品种类。

（1）如客户同意检查货物，则当客户面检查快件托寄货品。

① 若非违禁限品，则正常收寄。

② 如发现法律、法规规定的禁寄货品，则快递企业应当拒收并向寄件人说明原因。

③ 如发现各种反动报刊、书籍、淫秽物品、毒品及其他危险品，则应及时通知国家有关部门处理，并及时报告当地邮政管理部门。

④ 若发现限寄货品，则应当告知寄件人处理方法。

（2）如客户坚持不同意查验货品时，则需向客户致歉说明无法收寄，并在手持终端上备案。

4. 收件地址不详的处理办法

若客户提供的收件地址不详，则业务员应请客户提供收方详细地址，并确认客户提供的地址是否超出收派范围。

（1）若客户提供详细地址，且客户提供的地址未超出收派范围，则按照正常流程收寄快件。

（2）若客户无法提供详细地址，或者详细地址超出收派范围，但客户提供的地址属于可自取的区域，则应询问客户是否愿意改为自取件：如果愿意改为自取件，则业务员可向客户介绍自取件的派送形式和时限；如果客户不愿意自取，则向客户说明情况并致歉说明无法收寄，并同时在手持终端上备案。

（3）若客户提供的收件地址属于不可自取的范围，则需向客户致歉说明无法收寄并将快递货品退回，并同时在手持终端上备案。

5. 回仓后包装破损的处理办法

（1）对快递货品进行复秤，并检查托寄货品是否损坏或短缺，拆开外包装清点时，必须有包括营业部负责人在内的两人以上（含两人）同时在场；有监控设备的地方，必须在有效监控范围内拆包清点。

（2）致电客户，告知外包装及托寄物损毁情况。

① 如客户取消寄件，则须及时将快递货品退回，并在手持终端上备案。

② 如客户同意寄出，则将快递货品重新包装后寄出，并在手持终端上备案。

✏ 任务准备 4：了解快递货品派送的概念和方式

快递货品派送是快递服务的最后一个环节，是指业务员将快递货品递交给收件人并获得签收信息的过程。快递货品的派送工作主要工作内容包括进行快递货品交接、选择派送路线、核实用户身份、确认付款方式、提醒客户签收、整理信息和交款等工作环节。快递货品派送分为按址派送和网点派送两种方式种方式。

按址派送是指业务员从接收需要派送的快递货品开始，在规定的时间内到达客户处，将完好的快递货品交给客户，并由客户在运单上签收，或者在规定的时间内，将无法派送的快递货品统一带回收寄处理点，完成运单、快递货品、款项交接的全过程。

网点派送是指客户上门至快递货品所在的收寄处理点自取，业务员将快递货品交由客户签收后，在规定的时间内，完成运单、快递货品、款项交接的全过程。

✏ 任务准备 5：熟悉快递货品派送业务流程与操作规范

快递货品派送工作是一项与时间赛跑的工作，业务员只有在一定时间内成功派出更多的快递货品，才能高效地完成派送的全过程。那么，快递业务员是如何快速派送呢？

按址派送比起网点派送涉及的工作环节更多，更能呈现快递派送业务的完整过程。下面便以按址派送为例，了解快递业务员的派送工作。

快递业务员上门派送业务流程共分为 16 个操作步骤，如图 6-63 所示，主要工作环节与操作规范如下。

1. 派前准备

（1）单证准备，确认工作证（上岗证）、收据或发票、零钱、身份证、行车证件等准备齐全。

（2）交通工具及相关工具准备，确认交通工具的工作状况良好；确保交通工具的清洁，防止污染快件。

（3）个人仪容仪表准备，穿着整洁干净的工作服，佩戴工牌；调整自己的仪容、仪表；调整自己的心态和情绪。

（4）业务准备，掌握快递企业新的业务动态及相关操作；清楚与自己相关的工作安排，并做好相应的准备。

2. 快递货品交接

（1）业务员首先须从收寄处理点领取属于自己派送范围内的快递货品，由仓管员将快递货品唱数给业务员（点数交接），数量确实多的，业务员可以利用扫描工具，逐个对快递货品进行扫描。

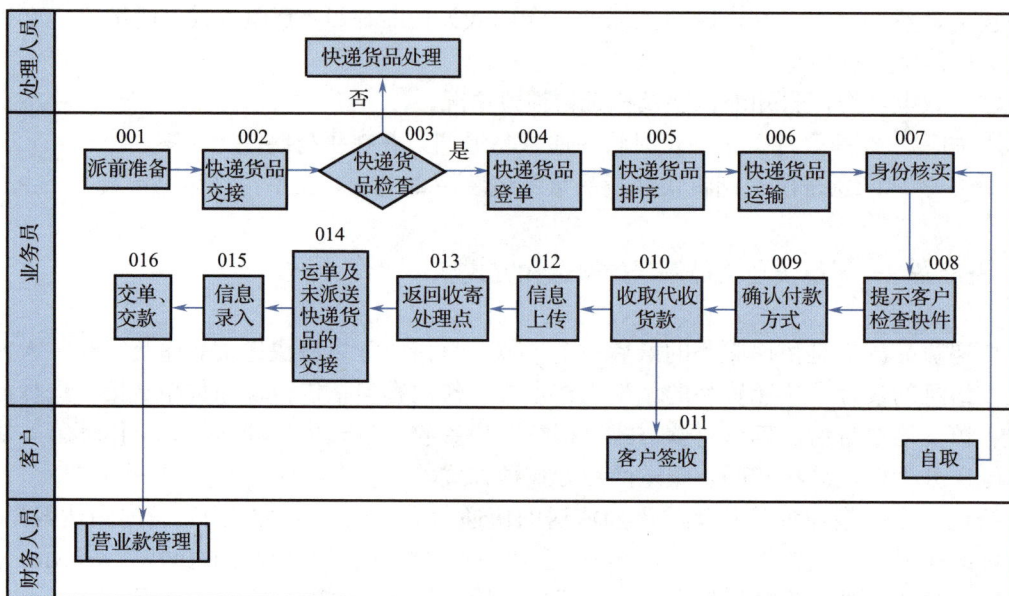

图 6-63　快递业务员上门派送流程

（2）业务员对快递货品进行检查，核对是否有外包装破损、超范围、地址错误、件数有误、到付价格有异等存在明显问题的异常件，并及时交回收寄处理点处理。

（3）经确认无误后交接，双方在《派件表》上签名确认。

3. 快递货品运输

业务员应根据所接收快递货品的派送地址及属性、时效等要求，合理安排派送线路；并根据派送线路，将快递货品按顺序整理装车，途中应确保人身及快递货品的安全。

4. 至客户处

（1）收件地址不详或为非常规派件地址时，业务员在上门派件前须事先电话联系客户，确认客户地址并预约派送时间。如果是到付件，则应致电客户，确认客户愿意支付后，再予以派送。

（2）到达目的地后，须妥善放置交通工具，确保交通工具的安全，且不得阻碍他人、不违章停放；同时，应妥善放置其他尚未派送的快递货品，禁止将快递货品单独放置在无人看管的地方。

（3）到达客户处，进门前整理好个人仪容仪表；派件前需主动表明身份，并出示工牌，说明来访目的；客户公司要求办理相关进出入登记手续的，应主动配合并及时归还客户的相关证明，如来访证、临时通行证等。

5. 客户签收

（1）核查客户或客户委托人的身份或有效证件。

（2）提示客户检查外包装是否完好，对于因外包装破损或其他原因客户拒绝接收的，应礼貌地做好解释工作并收回快递货品，同时请客户在运单的"备注栏"内签名，并填写拒收原因和日期。

（3）对于到付或代收货款的快递货品，应向客户收取相关费用，并开具相关票据。

（4）业务员在运单上填写自己的工号或姓名，并指导客户在运单的客户签字栏用正楷字签名，以确认快递货品已经派送给收件客户。采用电子签收设备签收的，则需请客户在签收设备上签字。

（5）客户签收后，业务员应立即使用扫描工具做派件扫描，对快件签收信息进行上传，并妥善放置快递企业派件存根联。

（6）对于无法派送的快递货品，应确保在运输途中的安全，并应在规定的时间内交回收寄网点。

6. 交单、交款

（1）业务员清点、整理好快递回单（快递企业派件存根联）及未妥投的快递货品，将其与《派件表》进行核对，并在《派件表》上对未妥投快递货品注明未妥投的原因。

（2）将核对后的签收回单、未妥投快递货品及《派件表》一起交给仓管员，仓管员当面核对无误后在《派件表》上签字确认，由仓管员对未妥投的快递货品进行未妥投的快递货品入库扫描操作。

（3）将当天收取的款项在规定的时间内上交。

对客户上门自取的快递货品可参照以上业务流程与操作规范处理。

✏ 任务准备 6：掌握常见派件异常情况处理办法

1. 破损快递货品的处理办法

（1）对于外包装破损但没有影响快递货品，如果客户愿意签收并且不追究责任的，则可进行正常派件。

（2）客户要追究责任时，应向客户道歉并征求客户解决问题的意见。

① 客户未签收的，须在手持终端上备案，并将快递货品带回收寄处理点进行拍照登记并上报客服部。

② 客户已签收的，须在手持终端上备案，并由收寄处理点安排专人跟进处理。

2. 收件地址不详的处理办法

（1）业务员根据运单上收件人电话，在派送前与收件客户联系，并询问详细地址，约定时间上门派件。

（2）如因电话无人接、号码为传真号码、电话号码不全、电话号码错误等原因导致业务员联系不到收件客户时，业务员须在手持终端上备案，并上报收寄处理点仓管员处理。

3. 收件地址错误的处理办法

（1）业务员在手持终端上备案的同时应将信息上报客服部，待客服部跟进并将结果反馈给业务员。

（2）业务员当班班次接到确认后的地址后，如正确的地址在该业务员的服务区域，则须按正常派送流程派送，并保证派送时效；如正确的地址不在该业务员的服务区域或当班班次未接到客服部的反馈，则须将快递货品带回收寄处理点交由仓管员跟进。

4. 客户拒付、拒收的处理办法

业务员需询问客户拒收、拒付的原因，在快递运单备注栏中填写拒收、拒付原因和日期，并请客户在"备注栏"内签名；在手持终端上备案，并将信息上报客服部备案；将快递货品带回收寄处理点交由仓库管理员跟进。

5. 派错件的处理办法

（1）业务员应将情况及时向收寄处理点负责人汇报，严禁私自隐瞒处理。

（2）业务员应及时赶至错派客户处，向客户致歉并说明错派的原因。

① 可取回快递货品：尽快将快递货品派送给正确的客户。

② 无法取回快件：立即致电通知客服部并联系负责人反馈情况。

6. 至客户处，发现客户不在的处理办法

（1）业务员根据快递运单的收件人电话与收件客户取得联系：①如客户指定代收人，则可由代收人签收快递货品，但必须确认代收人的身份；②如客户不指定代收人，则与客户约定再派时间，并在备注栏内注明；③约定时间在当班班次内，按约定时间上门派送；约定时间超出当班班次时间，则可将快件带回收寄处理点交由仓管员跟进。

（2）业务员未能联系到收件客户时，须留下"再派通知单"，在手持终端上备案，并将快递货品带回收寄处理点交由仓管员跟进。

（3）严禁在无人签收的情况下把快递货品放在客户处或门卫处。

7. 快递货品派送途中遗失的处理办法

（1）对照"派件表"查找所遗失快递货品的单号，并立即上报收寄处理点负责人或客服部。

（2）在不影响其他快递货品安全和派送时效的情况下，业务员应返回可能丢失快递货品的地方寻找快递货品。

（3）若当班班次内无法找回快递货品，则须及时告知客户快递货品状况，并做好解释工作。

8. 无法正常投递的快递货品的处理办法

对无法正常签收的快递货品进行登记，并妥善放置，安全运回处理点，将快递货品交给快递货品处理工作人员处理。

（1）首次投递不成功时，工作人员应主动联系收件人，确认再次投递时间和地址。

（2）再次投递不成功时，应通知客户自取，并告知取件地址和工作时间，若客户仍需投递，则应告知其额外费用。

（3）对于联系不上收件人和寄件人的快递货品，可按照邮政管理部门相关规定进行处理。

✖ 任务执行

➤ 步骤1：补充快递收派件流程说明表

以小组为单位，请参照上门揽收业务流程（见图6-61）、快递业务员上门派送流程（见图6-62），并结合所学内容，将表6-5、表6-6补充完整。

表 6-5　上门揽收业务流程说明

编号	流程活动	流程活动说明
001	收件准备	准备需要使用的操作设备、物料（用品用具）、单证等
002		接收客户寄件需求信息。接收方式包括快递企业客服人员通知、客户直接致电、网上系统直接下单
003	核对信息是否正确	
004		根据快递企业承诺的收寄快递货品的时效，在约定的时间内到达客户处收寄快递货品
005	验视快递货品	
006		若客户尚未填写快递运单，则应正确指导客户完整填写快递运单内容。如果客户已将快递运单填好，则应对填写内容进行检查
007	告知客户阅读快递运单条款	
008		指导或协助客户使用规范包装物料和填充物品包装快递货品，使快递货品符合运输要求，确保寄递货品的安全
009	称重计费	
010		确认快递货品资费的支付人员和支付方式（现付、记账）。如果客户选择寄付现结，则收取相应的资费；如果客户选择寄付记账，则须在快递运单账号栏注明客户的记账账号
011	客户签字	
012		严格按照粘贴规范，将快递运单、标签等粘贴在指定位置
013	快递货品运回	
014		复查快递货品包装和快递运单内容，确认无问题后交给收寄处理点的相关工作人员
015	交款	将当天收取的款项交给收寄处理点的相关人员处理

表 6-6　快递业务员上门派送流程说明

编号	流程活动	流程活动说明
001	派前准备	准备需要使用的运输工具、操作设备、各式单证等
002		领取属于自身派送范围的快件，与处理人员当面确认件数
003	快递货品检查	
004		通过手工或系统，对交接的快件完成派件清单的制作
005	快递货品排序	
006		将快递货品按照派送顺序妥善捆扎在运输工具上，途中确保人身及快件的安全，到达地点后妥善放置交通工具
007	身份核实	
008		将快递货品交给客户进行查验。因外包装破损或其他原因导致客户拒绝接收时，应礼貌地做好解释工作并收回快递货品，同时请客户在快递运单的"备注栏"内签名，填写拒收原因和日期
009	确认付款方式	
010		向客户收取代收货款业务的相应费用
011	客户签收	
012		客户签收后，立即使用扫描设备做派件扫描。如果采用电子签收方式，则请客户在扫描设备上签字
013	返回收寄处理点	
014		清点已派送快递货品的快递运单、无法派送的快件的数量，核对与派送时领取的快件数量是否一致。将快递运单和无法派送的快递货品当面交给处理点的相关处理人员

续表

编号	流程活动	流程活动说明
015	信息录入	
016	交单交款	将当天收取的款项交给收寄处理点的相关处理人员

步骤2：以小组为单位，总结《快递暂行条例》新规定

通过学习2018年5月1日起施行的《快递暂行条例》，以小组为单位总结《快递暂行条例》对快递收派业务做出了哪些新规定。

步骤3：各组委派一名代表上台分享任务执行情况

各组委派一名代表上台分享任务执行情况，并分享本组任务实施的过程、经验，以及遇到的问题和相应的解决办法。

任务评价

在完成上述任务后，教师组织学生进行三方评价，并对任务执行情况进行点评。学生完成如表6-7所示的任务评价表的填写。

表 6-7 "体验快递物品收派作业"任务评价表

项 目 组		成 员				
评价标准	评价项目	分 值	自我评价（20%）	他组评价（30%）	教师评价（50%）	合 计（100%）
	"上门揽收业务流程说明""快递业务上门派送流程说明"填写是否正确	60				
	熟悉快递收派业务最新规定	20				
	分享讲解详细流畅	20				
合 计		100				

思政课堂

请扫一扫图6-64中的二维码，进行项目六思政课堂的学习。

图 6-64 项目六思政课堂

课后习题

请扫一扫图6-65中的二维码，进行项目六课后习题的练习。

图 6-65 项目六课后习题

项目七
农村移动电商和社区物流

党的二十大报告指出："坚持农业农村优先发展，坚持城乡融合发展，畅通城乡要素流动。"请同学们认真学习本项目内容，以党的二十大精神为指引，为乡村振兴、为农村移动电商和社区物流发展贡献自己的专业力量！

任务一 了解农村电商

任务展示

（1）请扫一扫图 7-1 中的二维码，预习本任务的学习资料。

（2）通过调研农特产品，分析消费群体画像，了解农村电商。选择熟悉产地的产品、接触实物、搜索资料、拍摄图片，完成 3 款《本地农特生鲜调查表》中产品数据填报。学生选定市场分组，领取任务。

图 7-1 本任务学习资料

任务准备

任务准备 1： 认识农村电商

所谓农村电商就是指围绕农村农产品生产、经营而开展的一系列电子化的交易和管理活动，包括农业生产的管理、农产品的网络营销、电子支付、物流管理及客户关系管理等。在农村，利用电商技术改造传统经济下的流通过程，把传统方式下的农业生产经营、农产品营销、农产品运输及农资需求等环节在网络系统及信息技术支持下进行电子化，形成由信息流、资金流、物流、商流组成，并以信息流为核心的全新流通流程。农村电商的普及将增加农户通过生鲜电商销售农产品的意愿和需求，从而为生鲜电商改造农产品上游供应端、增加农产品附加值提供更多的发展机会。

任务准备 2：农特生鲜产品标准化建设

农产品由于自身的商品特性，在质量和安全方面很难被量化和品牌化，这些因素阻碍了农村电商的发展。目前生产端存在的问题有（1）季节性波动，营销效率低下；（2）中间商收购，无法品牌化；（3）无法稳定地满足消费者对农特生鲜产品新鲜、优质、特色的要求等。

农特生鲜产品的品牌化建设主要由产品溯源和产品标准化两方面组成。通过：

（1）对生产环节进行标准化品质控制，实现生产流程全流程标准化。

（2）标准化分级制度，实现农特生鲜产品的自动分拣。

各生鲜电商的标准化进展如表 7-1 所示。

表 7-1 各生鲜电商的标准化进展

生 鲜 电 商	标准化进展
阿里巴巴	1. 喵鲜生：联合上游种植企业来推动农产品的标准化和分级制度，同时引入产品溯源等新技术来确保产品质量。 2. 旗下 1688 网站推出"源鲜生"项目，利用二维码实行农产品追溯，可以根据葡萄的糖分含量、颗粒大小级别、外观品质、农药残留等指标进行分级

生鲜电商	标准化进展
天天果园	创立自有橙品牌"橙意"。从新西兰进口国内第一条柑橘类自动分拣生产线，利用摄像装置、红外探头和称重器，根据橙子的颜色、形状、大小和甜度，以及是否存在缺陷，进行分拣。
本来生活	1. 在长秋山精选1000亩优质直供果园，创立本来生活长秋山独家直供的"不知火柑"。经过筛选后，产果量只有150吨，不到正常产果量的40%。 2. 销售品牌水果"佳沛奇异果"和"褚橙"
美味七七	1. 自创了全套进出货检验标准。 2. 在上海开发了三处总面积逾万亩的专供蔬果农场基地，保证"无公害，无农药，农场装箱直接发货"
沱沱工社	1. "北京市菜篮子标准化生产优级基地"。 2. 在平谷建立了自营有机农场，从选种育苗到收割包装，实现了全产业链的透明操作

任务准备3：农产品网络消费群体

在"互联网＋"农产品营销过程中，明确主力客群定位是第一要素。个推大数据2019—2020年生鲜电商用户调查显示，生鲜电商APP用户中女性占比54.8%，男性占比45.2%；年龄段分布上，25～34岁用户是主要受众群体，占比达59.9%；消费水平分布上，高消费水平用户占比51.1%，中消费水平用户占比42.2%，可以发现，年轻中产一族是生鲜电商APP的主要使用人群。这部分人群对互联网有很强的依赖性，且对生活有着较高的品质追求，也是农产品推广营销关注的主要受众人群。生鲜电商APP用户群画像如图7-2所示。

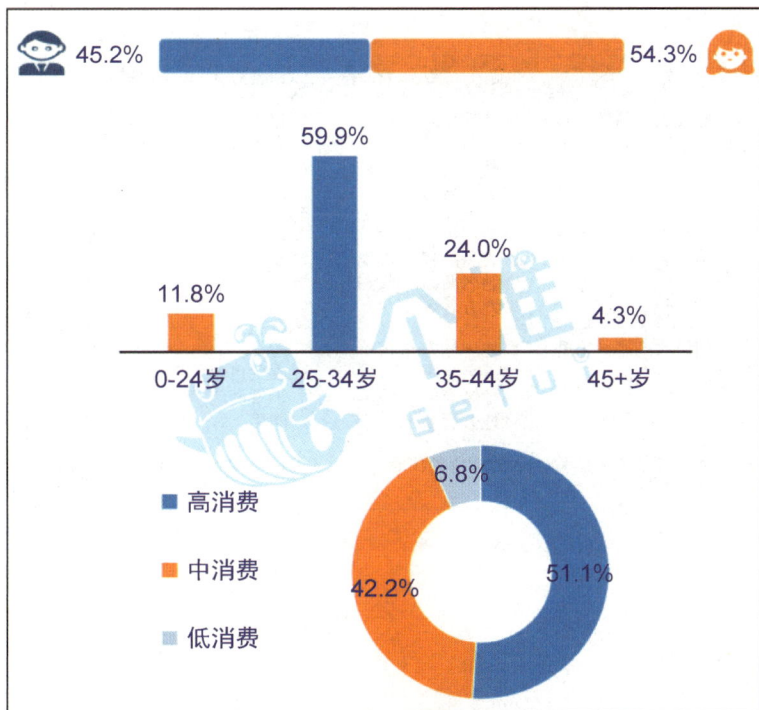

图7-2　生鲜电商APP用户群画像（基于个推大数据）

任务准备 4：体验生鲜电商

突如其来的新冠肺炎疫情，给实现社会全年经济发展目标任务带来困难和挑战，对社会经济造成较大冲击。在疫情带来危机的同时，也给一些行业带来机遇，生鲜电商被推到风口浪尖。在疫情影响下，消费者对线上购买生鲜的便捷性和安全性的认知不断强化，线上购买生鲜产品的习惯正在加速培育。这让很多活跃在中小城市的小型生鲜电商平台感受到了空前的机遇。请同学各自下载 2～3 款生鲜电商应用（App），使用并完成以下体验报告，如表 7-2 所示。

表 7-2　体验报告

名称	公司背景	上线时间	产品定位	典型用户	仓储模式	使用体验

任务执行

步骤 1：市场调研 3 款家乡农产品，接触实物、搜索资料、用手机拍摄产品图片。

步骤 2：完成家乡农特生鲜产品调查表，如表 7-3 所示。

表 7-3 ＿＿＿＿＿＿＿＿（产地）农特生鲜产品调查表

产品名称	分　类	品　牌	价格	销售方式	食用方式	图　片
	□初级农产品（生鲜） □预包装食品	□地理标志 □著名品牌 □驰名商标 □地方著名	市价 批发 收购	□超市 □农贸市场 □干货商店 □网店	□需要加工 □即食	
	□初级农产品（生鲜） □预包装食品	□地理标志 □著名品牌 □驰名商标 □地方著名	市价 批发 收购	□超市 □农贸市场 □干货商店 □网店	□需要加工 □即食	
	□初级农产品（生鲜） □预包装食品	□地理标志 □著名品牌 □驰名商标 □地方著名	市价 批发 收购	□超市 □农贸市场 □干货商店 □网店	□需要加工 □即食	
建议通过哪家电商平台上线营销	填入上节任务中体验 App 的特色和功能。					

◢ **步骤 3：各组委派代表上台展示产品图片，描述"美食"。**

任务评价

在完成上述任务后，教师组织学生进行三方评价，并对任务执行情况进行点评。学生完成如表 7-4 所示的任务评价表的填写。

表 7-4 "了解农村电商"任务评价表

项　目　组		成　员				
评价标准	评价项目	分　值	自我评价（20%）	他组评价（30%）	教师评价（50%）	合　计（100%）
	用"喵鲜生""源鲜生"两个 App 分别购买农产品，按产品二维码提示溯源	40				
	分组完成各自的产品溯源结果	25				
	演示溯源结果并加入小组意见	35				
合　　计		100				

任务二 了解生鲜电商的新业务模式

任务展示

（1）请扫一扫图7-3中的二维码，预习本任务的学习资料。

（2）学习生鲜电商新业务模式。学生继续分组，结合上一任务的调查数据，团队协作完成1款农产品的推广文案，用手机拍摄完成短视频并剪辑上传。

图 7-3　本任务学习资料

任务准备

任务准备 1：生鲜电商的新业务模式

请扫一扫图7-4中的二维码，观看电商冷链物流定义的视频讲解。

我国的生鲜电商市场仍然处在发展初期，在未来三年，

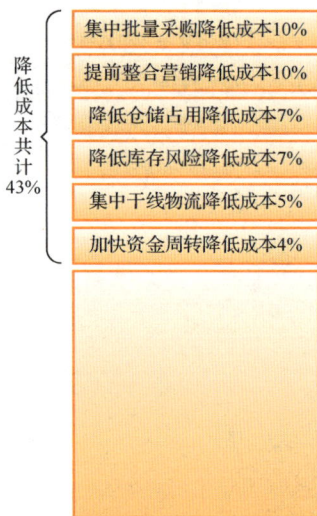

图 7-4　电商冷链物流定义

由于处于消费者购买习惯的养成和冷链物流基础设施的完善过程中，降低成本和增加品质是生鲜电商未来发展的关键，生鲜电商可以通过发展以销定产的新商业模式，建立完善的品控体系和溯源机制来实现这两个目的。C2B 预售模式和 O2O 业务将是发展重点。预售模式将会大幅降低生鲜产品的运输成本，而 O2O 业务将会解决"最后一公里"的社区配送问题。

降低成本共计43%
- 集中批量采购降低成本10%
- 提前整合营销降低成本10%
- 降低仓储占用降低成本7%
- 降低库存风险降低成本7%
- 集中干线物流降低成本5%
- 加快资金周转降低成本4%

图 7-5　预售模式降低成本示意图

1．C2B 预售模式

C2B 预售模式（Customer to Business，消费者到企业），是互联网经济时代新的商业模式，即先有消费者需求产生，而后有企业生产，也就是先有消费者提出需求，后有生产企业按需求组织生产。通常情况为消费者根据自身需求定制产品和价格，或主动参与产品设计、生产和定价，产品、价格等彰显消费者的个性化需求，生产企业进行定制化生产。预售模式降低成本示意图如图 7-5 所示。

2．O2O 业务模式

O2O 业务模式（Online to Offline，线上到线下），是指将线下的商务机会与互联网结合，让互联网成为线下交易的平台。O2O 的概念非常广泛，引用较多的一种解释是把线上的消费者带到线下现实的商店中去，也就是让用户在线支付购买线下的商品和服务后，到线下去享受服务。O2O 业务模式模型图如图 7-6 所示。

任务准备 2：新零售

新零售是广义模式下 O2O 的全面升级，核心是以消费者为中心。与传统 O2O（Offline to Online）的区别在于，传统 O2O 侧重于将线下业务移至线上，营销模式的核心是在线支付和商品；新零售（Online to Offline）侧重于线下消费体验、线上交易，强调线上线下数据、供应链更深层次的网状打通，满足消费者更为个性化的体验性需求。

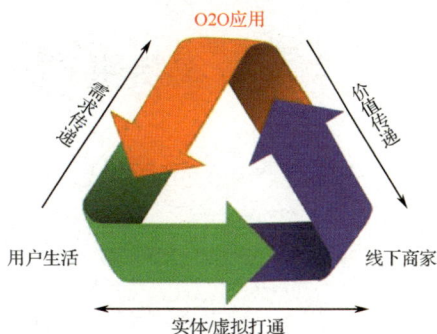

图 7-6　O2O 业务模式模型图

任务准备 3：农村电商创新营销模式

电商服务的创新模式和新业态不断涌现，5G、物联网、大数据、云计算、区块链、人工智能等新技术、新应用快速发展，极大地推动了传统农业改造升级，推动了农村电商升级版打造。社交、直播、内容电商借助社交和内容平台，通过分享、内容制作、分销等方式，实现对传统电商模式的迭代。与传统电商相比，社交电商拥有体验式购买、用户主动分享、销售场景丰富等独特优势，在品牌培育方面尤其明显。过去在传统市场培育一个全国性知名品牌需要十几年乃至更长时间，社交电商的兴起则大大加快了这一进程。直播带货悄然走红，不仅给消费者带去实惠和便利，而且盘活了万亿级农村消费市场。明星带货、达人带货、县长带货，各种平台的电商直播带货都非常活跃，对农产品的销售起到了积极的促进作用，直播已经成为电商助力农产品上行的有效模式。

任务执行

➤ **步骤 1：** 用产品调查表内的数据，完成"家乡特色、特产"的短视频拍摄文案。

➤ **步骤 2：** 手机拍摄"家乡特色、特产"短视频。

➤ **步骤 3：** 将成果放在班级群和你的微信朋友圈展示。

任务评价

在完成上述任务后，教师组织学生进行三方评价，并对任务执行情况进行点评。学生完成如表 7-5 所示的任务评价表的填写。

表 7-5　"了解生鲜电商的新业务模式"任务评价表

项目组		成员				
评价标准	评价项目	分值	自我评价（20%）	他组评价（30%）	教师评价（50%）	合计（100%）
	所在城市"新零售"消费模式体验	40				
	调查全网最火的预售和产品属性之间的必然关系	25				
	分享体验	35				
合计		100				

任务三　农特生鲜产品的包装材料

◈ 任务展示

（1）请扫一扫图 7-7 中的二维码，预习本任务的学习资料。

（2）根据农特生鲜产品包装运输的特殊要求，请同学们查询资料，完成对下面表格中包装材料的识别和调查任务。

图 7-7　本任务学习资料

✎ 任务准备

✎ 任务准备 1：快递常用包装材料

近年来，我国快递行业在电商的带动下呈现井喷式发展。瓦楞纸箱和塑料袋是最主要的快递包装材料，其中占绝大比例的是中等和小规格纸箱，塑料袋使用量仅次于瓦楞纸箱。快递业者为防止包裹在运输过程中被损坏，会对原包裹进行二次包装。

1. 外包装

（1）瓦楞纸箱，是在电商中应用最广的包装，易碎、怕挤压的产品要尽量选择强度较高的五层瓦楞纸箱，以规避挤压产生的风险。

（2）塑料袋类快递包装，约占件数比例的 73% 由废料直接再生，一般呈现灰色或黑色；约占件数比例的 25.6% 由废料和少量原生料混合生产，一般呈现黄绿色。

2. 内包装

（1）气泡膜，是一种增加缓冲性能的内包装，尤其是一些易碎品更是离不开气泡膜这种缓冲包装。

（2）珍珠棉，常用于电子产品包装，这种包装的优点是非常干净利索，能够给消费者更好的购物体验。

（3）空气柱，使用起来非常方便，减震效果非常好，一些怕挤压的产品同样还是要配合高强防护的瓦楞纸箱。

3. 泡沫箱

泡沫箱是在生鲜领域中更常用的包装，其恒温性能是核心优点，寄发生鲜水果的快递最需要泡沫箱和冰袋配合，能够起到很好的保鲜作用。

✎ 任务准备 2：符合食品安全的内包装材料

符合食品安全的内包装材料如下：

（1）PE 材质的塑料袋适合低温使用；

（2）RCP 材质的塑料袋适合高温蒸煮使用；

（3）PA 是为了增加物理强度，耐穿刺性能；

（4）AL 铝箔是为了增加阻隔性能，遮光；

（5）PET 是为了增加机械强度，挺性优。

任务准备 3：可自然降解的包装塑料

可自然降解的包装塑料中，完全由原生料（PP 或 PE）生产的纯白色快递包装塑料袋，使用国际上最先进、环保的氧化式 D2W（先氧化后生物分解）生物可降解技术。这些包装袋废弃后，在一般环境中实现自然分解为水、二氧化碳和细胞生物质，不会残留有机聚合物于土壤当中，符合环保要求。

任务准备 4：非食品包装袋接触农特生鲜产品的危害

颜色特别深的塑料袋，如黑色、红色和深蓝色的都是用回收的废旧塑料制品重新加工而成的，对人体有巨大的危害，因此不能用来装入口食品。废弃塑料的主要成分是聚氯乙烯，在加工过程中会产生很强的致癌物。用这样的塑料袋来包装食品、瓜果蔬菜，有害物就会吸附在食物上，即使冲洗也难以清除。例如，用聚氯乙烯塑料袋盛装超过 50 ～ 60 ℃的食品，袋中的铅会溶入食品中；塑料袋还会释放有毒气体，侵入食品当中。人体长期摄入会严重损害身体健康，导致疾病缠身。

尤其是热的食品，高温会使塑料中的有毒物质被食物吸收，一旦进入人体就会造成积蓄性中毒，所以包装生鲜或其他入口的农产品时绝不可乱用塑料袋。

任务准备 5：快递废弃物的现状和对环境的影响

如今网购越来越火，不仅价格对比和选择方便，而且快递也比较便捷，深受消费者欢迎。一些商家为确保货品在发运途中安全无损，就在"加固"物品包装上大做文章。无论物品体积大小、轻重，都会多包几层外衣，大盒套小盒，胶带不知缠了多少圈，导致快递"过度包装"问题突出。纸质运单、纸箱、包装袋、填充物、薄膜、胶带……层层包裹下的可能只是一支口红或睫毛膏。数据显示，2020 年我国快递年业务量已突破 800 亿件，但网上购物带来便捷的同时，快递包装也造成严重资源浪费和环境污染。另外，对快递包装材料回收再利用不足，基本都当作废品一扔了之，无形中造成了极大浪费，与节约型社会理念相悖。我国快递包装材料种类统计数据如图 7-8 所示。

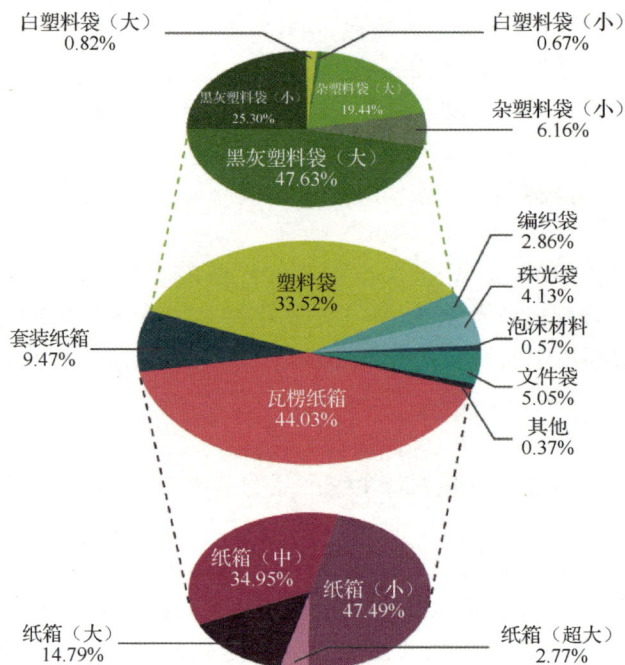

图7-8　我国快递包装材料种类统计数据

（图表数据来自《中国快递废弃物产生特征与管理现状研究报告》）

⚒ 任务执行

↗ **步骤1：**请同学们独立完成快递包装材料调查表（见表7-6）中"材料名称、化学成分及主要使用途径"栏的资料查找和填写。

↗ **步骤2：**请同学们分组讨论，对照各自完成的材料调查，找出最正确的答案。为表中的农特生鲜产品匹配健康的包装，也可以加入同学们了解到的新包装材料。

↗ **步骤3：**各组委派代表上台阐述"对快递包装材料回收再利用不足问题"的思考。

表7-6　快递包装材料调查表

序号	包装材料	材料名称、化学成分和主要用途	在（　）内填入适用产品的包装材料序号
1			

序号	包装材料	材料名称、化学成分和主要用途	在（ ）内填入适用产品的包装材料序号
2			（　　　）新鲜蔬菜：含蘑菇、生姜、生鲜菜用玉米，新鲜花生、淮山、粉葛、马铃薯、马蹄、莲藕； （　　　）时鲜瓜果：含果蔗、时令瓜果、新鲜板栗； （　　　）鲜活水产品：含未加工的冰鲜鱼、虾、蟹； （　　　）非鲜活农产品：含生鲜蛋和鲜奶等； （　　　）禽畜、水产品、瓜果、蔬菜、蛋、奶等的深加工产品； （　　　）花、草、苗木等； （　　　）粮食、木薯、红薯等
3			
4			
5			
6			
7			

任务评价

在完成上述任务后，教师组织学生进行三方评价，并对任务执行情况进行点评。学生完成如表 7-7 所示的任务评价表的填写。

表 7-7　"农特生鲜产品的包装材料"任务评价表

项　目　组		成　　员				
评价标准	评价项目	分　值	自我评价（20%）	他组评价（30%）	教师评价（50%）	合　计（100%）
	校园快递点的包装物"去哪了？"	40				
	"包装废料拾荒人"做一个创业项目	25				
	分享你的"头脑风暴"	35				
合　　计		100				

任务四　社区物流与配送

任务展示

（1）请扫一扫图 7-9 中的二维码，预习本任务的学习资料。

（2）填写社区配送服务情况调查表（见表 7-8），学生分组讨论社区快递配送管理的不足。结合农特生鲜产品特点，设计一个"社区智能保鲜菜箱"为社区物流"最后一公里"配送提供你的创意和思路。

图 7-9　本任务学习资料

表 7-8　社区配送服务情况调查表

序号	调查项目	你的改进建议
1	如果要寄发快递，你主要会通过哪种途径 □ 打电话叫快递员来取 □ 到固定的代寄点 □ 我有其他建议	
2	你是否遇到快递物件丢失或损坏的情况？ □ 是　□ 否 *□ 其他	
3	你喜欢以何种方式接收快递？ □ 到指定的地点接收 □ 送货上门可收取合理费用 □ 电话联系再定地点 □ 我有其他建议	
4	你认为快递的基本服务项目应包括？（多选） □ 送货上门 □ 快递查询 □ 统一制服 □ 客户满意度调查 □ 货物保存制度 □ 良好的服务态度 □ 我有其他建议	
5	你最不能忍受快递公司哪方面的服务？（多选） □ 投递延期 □ 被快递公司寄丢物品 □ 投递员服务态度恶劣 □ 领取麻烦 □ 其他	

任务准备

任务准备 1：了解什么是社区物流

社区物流属于末端物流，是直接面向城市社区商业和社区居民，将商品从供应商运送到社区店铺或居民的末端物流形式，所以人们也常称其为社区配送。社区配送按组织者不同划分如下：

（1）配送中心配送：配送中心是配送的的主要形式，是物流服务型的综合体。

（2）仓库配送。

（3）商店配送：配送的商品种类繁多，但是用户需用量不大；商业及物资零售网点较多、配送半径较小；可分为兼营配送与专营配送两种形式。

（4）生产企业配送：产品的需要量比较大，而且品种、规格和质量等要求相对稳定，生产企业距产品消费地较近。

任务准备2：我国社区物流的特点

（1）社区数量基本上变化不大。相应的小卖部、便利店的数量也保持稳定；单个门店或者单个社区的配送数量达不到规模经济，但是多社区、多门店共同配送是可以实现配送数量的规模经济。

（2）物流配送的主体分散。目前社区商品配送的主体主要是连锁企业、供货商、批发商、店铺店主、个体摊贩及物流企业等，除了物流企业作为第三方物流配送者外，其他主体都是作为供方或需方自营配送。

（3）物流配送需求的规模较小，地点分散，频率较高，环节较多，客户复杂。但配送需求数量比较稳定，需求品种变化不大，以食品、蔬菜、水果和日用品等快速消费品为主，需求规律容易把握。

（4）服务要求高，社区商业配送交通条件复杂，并且往往需要拆零、保鲜、冷冻运输。但要求及时、可靠、准确，对配送的要求较高。

任务准备3：农产品生鲜电商需求端的"最后一公里"

我国冷链运输目前仍然停留在"泡沫箱＋冰袋"的初级阶段。这种配送方式虽然成本较低，但是无法根据不同生鲜性质实现差异化冷藏，配送效果较差。随着生鲜商品标准化程度的提高和居民生鲜电商购物消费习惯的养成，生鲜电商社区化程度将会大幅提高，"智能保鲜菜箱"的O2O业务将从生鲜电商的产业链中独立出来，在社区、超市、便利店大量配置，生鲜电商"最后一公里"的配送成本会大幅降低。速易递社区"电子菜箱"如图7-10所示。

图7-10　速易递社区"电子菜箱"

🔧 任务执行

🔸 步骤1：分组头脑风暴，参考超市自动寄存柜，帮助农产品生鲜电商设计一个你的"社区智能保鲜菜箱"方案。

🔸 步骤2：各组委派代表上台分享，"我的社区智能保鲜菜箱"如何解决社区配送服务情况调查表中的问题。

（方案要符合农特生鲜产品怕污染、易腐坏、不规则的属性特点设计，也要兼具节能环保、存放安全、取件便利等条件）

📀 任务评价

在完成上述任务后，教师组织学生进行三方评价，并对任务执行情况进行点评。学生完成如表7-9所示的任务评价表的填写。

表7-9 "社区物流与配送"任务评价表

项目组		成员				
评价标准	评价项目	分值	自我评价（20%）	他组评价（30%）	教师评价（50%）	合计（100%）
	"社区智能保鲜菜箱"方案	40				
	列表说明你喜爱的食材保鲜条件	25				
	分享你的方案	35				
合计		100				

📖 思政课堂

请扫一扫图7-11中的二维码，进行项目七思政课堂的学习。

图7-11 项目七思政课堂

🎯 课后习题

请扫一扫图7-12中的二维码，进行项目七课后习题的练习。

图7-12 项目七课后习题

参 考 文 献

[1] 陈雄寅. 电子商务物流实务 [M]. 上海：华东师范大学出版社，2018.

[2] 陈雄寅. 物流设备操作（第二版）[M]. 北京：高等教育出版社，2021.

[3] 姜汝祥. 移动电子商务 3.0[M]. 北京：中信出版社，2015.

[4] 燕春蓉. 电子商务与物流 [M]. 西安：西安电子科技大学出版社，2018.

[5] 董淑华. 电子商务物流管理 [M]. 北京：国防工业出版社，2017.

[6] 李建军，苏庆艳，曲慧梅. 电子商务概论 [M]. 哈尔滨：哈尔滨工业大学出版社，2018.

[7] 吴健. 电子商务物流管理 [M]. 北京：清华大学出版社，2017.

[8] 许应楠. 移动电子商务基础与实务 [M]. 北京：人民邮电出版社，2018.

[9] 罗宏宇. 跨境移动电子商务 [M]. 北京：清华大学出版社，2017.

[10] 张铎. 移动物流 [M]. 北京：经济管理出版社，2017.

[11] 韩玲冰，胡一波. 跨境电子商务物流 [M]. 北京：人民邮电出版社，2018.

[12] 张艳. 电子商务与物流管理 [M]. 北京：中国纺织出版社，2018.

[13] 苏杭. 跨境电子商务物流管理 [M]. 北京：对外经贸大学出版社，2017.

[14] 陈雄寅. 仓储与配送实务 [M]. 上海：华东师范大学出版社，2013.

[15] 陈雄寅，等. 电子商务与物流 [M]. 北京：电子工业出版社，2020.

[16] 韦妙花. 仓储与配送实务 [M]. 北京：电子工业出版社，2019.

[17] 贾铁刚，等. 电子商务与物流 [M]. 北京：中央广播电视大学出版社，2016.

反侵权盗版声明

电子工业出版社依法对本作品享有专有出版权。任何未经权利人书面许可，复制、销售或通过信息网络传播本作品的行为，歪曲、篡改、剽窃本作品的行为，均违反《中华人民共和国著作权法》，其行为人应承担相应的民事责任和行政责任，构成犯罪的，将被依法追究刑事责任。

为了维护市场秩序，保护权利人的合法权益，我社将依法查处和打击侵权盗版的单位和个人。欢迎社会各界人士积极举报侵权盗版行为，本社将奖励举报有功人员，并保证举报人的信息不被泄露。

举报电话：（010）88254396；（010）88258888
传　　真：（010）88254397
E-mail：　 dbqq@phei.com.cn
通信地址：北京市海淀区万寿路 173 信箱
　　　　　电子工业出版社总编办公室
邮　　编：100036